思维深度 心灵温度

沉浸式主题班会设计

丁　娟◎编著

中国国际广播出版社

图书在版编目（CIP）数据

思维深度　心灵温度：沉浸式主题班会设计 / 丁娟编著 . —北京：中国国际广播出版社，2022.10

ISBN 978-7-5078-5227-1

Ⅰ . ① 思… Ⅱ . ① 丁… Ⅲ . ① 班会 — 中学 — 教学参考资料
Ⅳ . ① G635.5

中国版本图书馆 CIP 数据核字（2022）第 189542 号

思维深度　心灵温度：沉浸式主题班会设计

编　　著	丁　娟
责任编辑	张晓梅
校　　对	吴光利
装帧设计	有　森

出版发行	中国国际广播出版社有限公司［010-89508207（传真）］
社　　址	北京市丰台区榴乡路 88 号石榴中心 2 号楼 1701
	邮编：100079
印　　刷	北京华强印刷有限公司

开　　本	710×1000　1/16
字　　数	204 千字
印　　张	15.5
版　　次	2022 年 10 月 北京第一版
印　　次	2022 年 10 月 第一次印刷
定　　价	68.00 元

编委会成员名单

目 录

第一章

人生乐在相知心——"感恩关爱"主题班会

"甜甜的'负担'"主题班会

青岛大学附属中学　吴书艳

一、背景分析

　　进入初二的学生，正处于青春期、高敏感期，心理上也进入了爱慕异性的时期。青春期交往是不可回避的教育主题，学生渴望了解爱情，也有部分同学对于爱情有先入为主的错误观念，如何理性处理情感就显得特别重要。本次班会引导他们思考爱情真谛，提高对爱情的理解，帮助学生顺利度过迷茫困惑的青春期，以饱满的精神状态投入崭新的学习生活中去。

二、班会目标

　　（1）认知目标：引导学生了解友谊和爱情的界限，正视爱情的产生；引导学生树立正确的交往观念，树立正确的人生观、价值观、世界观。

　　（2）情感目标：疏导学生的情绪问题，帮助学生顺利度过迷茫困惑的青春期，以饱满的精神状态投入崭新的学习生活中去。

　　（3）行为目标：通过主题班会引导学生形成健康的异性交往观念，把握如何正确交往，并能利用"异性效应"不断完善提高自己，顺利度过青春期。同时，激发学生心中的大爱，树立远大理想，知行趁年少。

三、班会准备

根据本节课的主题和具体内容，结合初中年级学生的身心发展特点，摒弃传统的单纯说教模式。我准备采用讲述法、讨论法、互动交流法、游戏法等方法来完成本节课的教学内容。

教学环境及资源准备

根据班会具体内容和学生身心特点。

教师准备：收集有关的资料、音频、视频、图片、活动。

学生准备：塑料杯、颜料；搜集爱情主题的故事。

四、班会过程

环节一：情境导入

导语：

现在我们听到的是歌手阿牛的成名曲《桃花朵朵开》，歌词里写道"暖暖的春风迎面吹，桃花朵朵开，枝头鸟儿成双对，情人心花儿开"，一字一句都充满了爱情的甜蜜。那么，现实中的你是否有暗暗喜欢的人呢？

我们在生物课上都学过，青春期是人的生理和心理发生急剧变化的时期，喜欢交朋友，对异性感到好奇，渴望得到异性的欣赏。青春期也正对应着我们现阶段：初中阶段。自然地，同学们对爱情的探索、尝试、思考几乎成为青春的主旋律……

今天我们就来探讨有关爱情这个话题。

设计意图：播放歌曲《桃花朵朵开》，歌声渲染了一种轻松活泼的气氛，并引出了这节课讨论的话题。

环节二：明晰"爱情"的真伪

（1）老师展示一些正能量的明星照片，看谁能快速大声喊出这个人的名字。让同学说说为什么喜欢这个明星，是哪件事儿让同学成为 TA 的粉丝。学生大声喊出明星名字。

老师过渡语：总结同学们喜欢明星的原因，提到外貌是一部分，业务工作能力强是一部分，性格好、人品好、三观正是一部分。生活中，如果他们突然站在你面前，你一定会激动万分，怦然心动，让你怦然心动的是这个人的闪光点，而不是闪着光的这个人。

（2）真正的爱情是什么样子的呢？首先找同学分享一下他知道的经典的爱情故事。然后老师播放准备好的三个有关情感的小视频。最后，看完小视频后，学生进行小组讨论：爱情这种情感背后还包含什么？你认为什么才是真正的爱情？

（3）老师总结：现代的爱情观是以恋爱双方的共同理想和奋斗目标为前提，以自由恋爱为基础，以共同承担社会责任和道德义务为己任。它是自愿互爱的，爱情不可强求，恋爱双方首先是在自觉自愿的基础上，相互尊重、相互爱慕，从而促使爱情关系的建立和发展；它是忠贞专一的，爱情具有排他性，恋爱方应互相信任，不能三心二意、见异思迁；它是相容互补的，无论爱情双方存在什么样的个性差异，在实际生活中都是相互学习、取长补短、满足需求、共同发展。爱情不是简单地卿卿我我，你侬我侬，这是荷尔蒙一时的作祟。爱和被爱背后都需要忠诚、坚守、责任这些去支撑，否则面前的这份情感就不是真正的爱情。

设计意图：从学生感兴趣的明星话题切入，引发学生参与班会讨论的热情，进而引导学生了解青春期"喜欢"的概念，为深入探讨什么是真正的爱情做铺垫。

环节三：探寻"爱情"的由来

过渡语：同学们，你是否对异性心动过？心动是什么感觉？你是否收到过暧昧的信息？那么，大家有没有思考过眼前这朦胧的情感为什么会产生呢？

（1）学生七嘴八舌说说什么情况下最想和异性朋友敞开心扉。

（2）老师出示调查研究表格，让同学们讨论研究表格得出结论：这种情感的产生，不是真爱来临，大多是情绪的排解。为此付出宝贵的时间精力，那么这种"爱"会成为成长的绊脚石。

（3）老师总结：生活中我们会遇到很多问题与烦恼，尤其是青春期学业开始加重，活动能力增强，人格意识要求增加，情绪需求也随之而来。男女生性格互补，大家也更愿意和同龄人交往。在这个过程中，错把情绪的疏解当作情感的羁绊，就很容易陷入感情的旋涡，比如说书看不下去，作业做不下去，导致学习成绩大幅度下降。分辨不清"爱情"和"好感"的区别，认识不到爱情与友谊的区别。让学生意识到为所谓的爱情付出宝贵的时间和精力在这个年龄不合适，应找到更合适的办法去排解情绪。比如说运动、和同学一起组织一些户外活动、写日记等。

设计意图：引导学生自主理解情感是多种多样的，情感产生的原因也是多种多样的，情感需求并不意味着是爱情；由科学理论支撑的研究结果给出专业结论，帮助学生认识这种爱的危害，即会成为成长的负担。

环节四：面对"爱情"的做法

过渡语：有的同学心里想，现在的情绪疏解、情绪依赖不是爱情，那么我会不会在不断地尝试中找到真爱呢？我们一起来做个小游戏，看看会是什么结果。

（1）组织学生拿出准备好的颜料，告诉学生用喜欢的颜料调制代表爱情的色彩水。过程中也可以和其他同学的颜料水彼此交换。随着颜色的加入或者交换次数的增多，我们发现颜色会逐渐变得混浊，已经不是原来最美的模样。让学生明白要珍藏最初的情感，不要经不住诱惑，任性随意尝试。

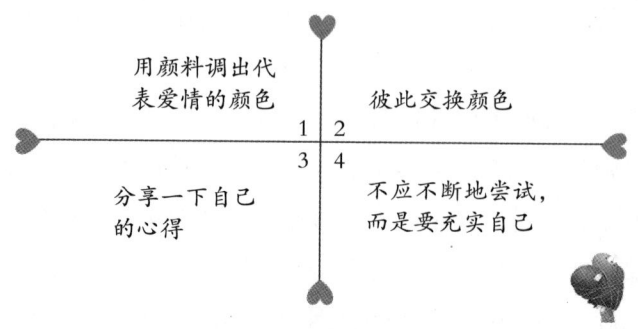

用颜料调出代
表爱情的颜色

彼此交换颜色

分享一下自己
的心得

不应不断地尝试，
而是要充实自己

图1 爱情的颜色

（2）老师总结：感情犹如一杯水，我们要谨慎，不应不断地尝试，而是纯净充实自己，最终获得最美好的颜色。有句话叫作"花香蝶自来"，如果你喜欢一只蝴蝶，千万不要去追，因为你追不上；你应该种花草，等到春暖花开之时，蝴蝶自然会来；即使那只蝴蝶不飞回来，你有花草、阳光、雨露，其他蝴蝶也会飞来。同学们应领悟到现在要珍藏起最初的纯真情感，不要在成长的路上经不住诱惑，迷失了自我，否则就会像我们用颜料混合成的这些水，本可以很单纯、很清澈，却渐渐失去了最美的颜色。

设计意图：通过活动让学生看到感情的变化，由纯真无瑕到混浊的过程，直观感受到情感的不断尝试只会让感情变成一潭污水；引导学生正确对待感情，正确对待交往。

环节五：有爱大声说出来

过渡语：花开应有季，花开应有时。爱是美好的情感，正确对待也是利于我们成长的。正常交往有利于互相取长补短，有利于人格的完整，有利于增强性别意识和社会交往能力，使男同学成长为男子汉，女同学成长为好姑娘。我们应该提倡正常的异性交往。

老师：（1）同学们，说说自己心目中的优秀男生、女生的特点。
（2）相处了一个学期，我们班很团结，男女生有了深厚的友谊，想不想听听对方对自己的真心话？

学生：（1）说说自己心目中优秀男女生的特点。（2）女生读给全体男生的一封信；男生给全体女生的一封信。

老师总结：爱是人类最崇高、最朴素的情感。表达爱是一种信息的传递，更是情感的交流、心灵的沟通和思想的碰撞。我们在意识到过度交往的危害的同时，也要学会在正常交往中发现爱、表达爱、回报爱。人与人之间交往也是以心换心的过程。学会欣赏别人，别人才会欣赏你；同时也要学会接纳自己的缺点，接收别人给的意见、建议。对他人适时地赞美，不需要多么高超的说话技巧，比技巧更重要的是真诚。同时，应当认识到男生、女生之间也有单纯的友谊，只要双方内心坦荡、言谈得当、举止得体，这份友谊就会成为你们青春美好的见证。

设计意图：交互互动环节，加深同学之间的了解；认识到爱情与友情的区别，学会表达爱。

环节六：心中有大爱

过渡语："青春是美丽的。"它不仅仅美在绚丽的外表，更美在昂扬向上的精神，美在奋然前行的决心。"青春正燃烧"，你们风华正茂、意气风发，正是充满朝气和活力的时候，在青春里写下漂亮而又充实的一章，以梦为马，不负韶华。青春的你们是我们所有人的骄傲！看视频《骄傲的少年》。

学生：（1）看视频，说说怎样珍惜美好青春。（2）面对国旗宣誓：厚德善行，勇于担当，报效祖国，我是中国人！齐诵诗歌《青春》。

结束语：年轻的我们，要做的事情还有很多，要走的路还有很长，应该把握住青春，去做我们该做的事情。做一个谦逊、宽容的人，把目光放远于九天，拥抱海洋与长空；做一个有个性的人，有独立的人格和闪光的才华，拥抱生命的真实；做一个有理想的人，在见过生活的真相后依然坚守初心，拥抱皓月星辰。在这个年龄，美丽的你，优秀的我，应该心中有大爱，爱家人、爱朋友、爱祖国！家人是你征途上的港湾，无论你走到哪里，他们永远在那里；朋友是你前进道路上的扶手，无论道路怎样泥泞，那只援手总相伴于两侧；而祖国是每个中国人最强、最坚实的后盾！互为动力，携手奋力向前，努力成长，做堪当民族复兴重任的时代新人，让青春多留下一些潇洒的印记！

设计意图：在轻松愉快的环境中，让学生感受青春的活力与热情；同时鼓励学生心中有大爱，树立正确的人生观、价值观、世界观。

五、班会反思

初中阶段的孩子还是稚嫩不成熟的，需要老师、家长的引导。"爱情"对于他们还很遥远，但是爱对于他们并不陌生。正因为学生只是管中窥豹，所以才对爱情充满了好奇。

（1）班会形式多样，不拘泥于传统的说教模式，学生更易接受。通过多样的形式让学生展开对"爱情"的讨论，正面探讨异性交往，既是对学生的尊重，也是对他们成长的负责。

（2）引导学生多发言，多倾听学生的声音，从而更好地发现问题。每个阶段、每个时期，学生的心态都是不一样的，"纸上得来终觉浅，绝知此事要躬行"，亲自去了解比从书本上更直观。

（3）班会存在的问题：一是班会主题还不够深入，对于如何正确交往的行为指引还不够具体，答疑解惑还不够全面到位。二是无法做到真正地"因材施教"，关注每个学生的青春期变化还需要从日常学习生活中入手，及时发现问题。

"你若盛开，蝴蝶自来"
——男孩、女孩应如何交往

青岛西海岸新区育才初级中学　袁洋

一、背景分析

（一）社会层面

初中生处于青春发育期，这个时期人的身心都发生了极为显著的变化。处于青春期的学生，会不知不觉地产生一种对异性的好感和倾慕。这种情感是非常真实的，也是正常的。对于初中阶段出现的这种现象，通常情况我们会将其定义为"早恋"。解决此类问题，重在疏而不在堵，教师作为引导者，应引导学生学会对此阶段出现的爱情做出正确的选择，这对学生的自身发展、家庭和睦、学校管理来说都是非常重要的。

（二）学生层面

八年级是中学生最叛逆的时期，往往容易对异性产生好感，由于好奇心作祟，很想体验与异性交往，这种好奇如果不加以控制，就会形成交往过密的现象，从而影响学生的心理健康和学业成绩。

因此，指导学生认识和对待青春期的情感困扰、学会人际交往就成为班主任面临的主要问题。作为班主任，我们要对学生进行青春期早恋的教育工作，帮助学生形成正确的爱情观，使他们健康成长。

二、班会目标

（1）认知目标：通过情景剧的形式，将男女生交往中容易发生的事件情景再现，引导学生跳出青春的烦恼，正确地与异性交往。

（2）情感目标：青春期的学生比较叛逆执拗，很难接受别人的教育，通过情景剧的呈现，让学生在情境中感悟，多角度考虑问题，学会换位思考，让学生更容易接受，达到教育的目的。

（3）行为目标：作为初中生，要合理看待男女生交往，既不能太亲密，也不能过分疏远，良好的心理引导才能培养学生正确的男女关系。

三、班会准备

（一）学生准备

提前收集相关案例，筛选具有代表性的案例整理成情景剧，并进行排练。

（二）教师准备

（1）组织学生提前收集关于情感困扰方面的相关案例，并筛选出其中具有代表性的案例排练成情景剧。

（2）准备班会用的视频、文字等材料。

（3）排练并培训主持人。

四、班会过程

环节一：课题导入

观看关于青春题材的电影片段——《青春派》。

导语：

青春是美好的，但美好中也夹杂着困扰，面对他人的表白或者自己喜欢的异性，内心不由得会荡起阵阵涟漪，这是很正常的。今天就让我们敞开心扉，一起来讨论这个问题：面对青春期出现的情感困扰，我们应该怎么办？

设计意图：男女生交往问题一直是比较敏感的话题，为了让学生能够放下戒备，充分参与到本次班会讨论中，发出自己的心声，教学开始阶段，以电影片段为载体，以主人公两个阶段面对情感困扰不同的处理方式为引，为后续指导学生面对情感难题时该如何做好铺垫。

环节二：提出问题，小组研讨

（一）提出问题

针对早恋，前期我们已经进行了调查，经过整理，发现同学们的问题大都集中在以下几方面：

（1）什么是早恋，如果只是单纯喜欢，也算是早恋吗？

（2）早恋产生的原因是什么？都有哪些特点？

（3）为什么老师和家长都反对孩子早恋？

教师：请大家根据问题进行小组讨论，并举手发言。

设计意图：面对学生关心和困扰的问题展开小组讨论，引导学生理智对待青春期的情感萌动，树立正确的人生观、爱情观，能够妥善处理好与异性同学的交往问题。

（二）小组讨论，学生发言

针对问题一，学生 a 发言：早恋，也叫作青春期恋爱，指的是未成年男女建立恋爱关系或对异性感兴趣、痴情或暗恋，一般指 18 岁以下的青少年之间发生的爱情，特别是在校的中小学生为多，而大多数都是暗恋、单恋。两人只有相互有好感，才能发展成为早恋。早恋行为是青少年在性生理发育的基础上心理转化为行为的实践。我认为初中正是青春萌动的时候，产生对异性的欣赏和喜欢是正常的，不属于早恋。

针对问题二，学生 b 发言：青春期的我们会对异性产生各种各样的想法，会讨论班上好看的男孩和女孩，也会讨论对自己有好感的人，因为彼此都是差不多的年龄阶段，在考虑问题上会有很大的契合度，所以会对早恋越来越好奇并且会产生想要尝试的心理。有时候这种对异性的好感，还会得到同学的鼓励和肯定，并逐渐发展成早恋。

关于早恋的特点，我专门查阅了相关资料，早恋大致可以分为朦胧性、矛盾性、变异性。

朦胧性：青少年对于早恋的发展结局并不明确，早恋的青少年仅仅是渴望与异性单独接触，而对未来家庭的组建、处理恋爱和学业之间的关系、区别友谊和爱情等问题都缺乏明确的认知。

矛盾性：早恋的青少年内心充满了矛盾，既想和喜欢的异性接触，又害怕被父母发现，可以说在早恋的过程中愉快和痛苦并存着。对于暗恋的早恋者而言，这种矛盾性还表现在是否向爱慕者表白的矛盾心理。

变异性：早恋是充满变化、极不稳定的，因为青少年往往欠缺处理人际关系的技巧和经历，导致双方缺乏互信，关系一般都难以持久。正是这样，常常对双方的心理造成痛苦。

（PPT 展示：早恋的心理特点）

在好奇、模仿心理的驱使下产生的带有盲目、朦胧、脆弱、不稳定、逆反的特点。

（1）茫然的追求，带有浓厚的幻想，浪漫的色彩；

（2）感情支配理智（中学生尤其是女生，感性多于理性）；

（3）情感强烈而肤浅；

（4）认识模糊欠理智（阅历浅、能力低）；

（5）具有"闭锁性"的同时，伴随"合理感"增强（往往产生逆反）。

针对问题三，学生 c 发言：初中三年是非常关键的，初二我们面临地生会考，初三要面临中考，学业繁重，谈恋爱难免分心影响学习。家长都希望孩子能通过知识改变命运，让以后的人生能够顺风顺水，所以家长都非常重视孩子的学业。老师和家长恨不得学生能争分夺秒地学习，肯定会反对读书的时候分心去谈恋爱。毕竟人的时间和精力是有限的，花了时间和心思去谈恋爱，在学习上的付出自然会减少。

学生 d 发言：针对第三个问题，我想进行补充，我认为现阶段我们的心智是不成熟的，自控能力还有待提高，很难平衡好恋爱和学业之间的关系，而且很难对自己的行为负责。父母和老师作为过来人，肯定清楚这一点，所以才会反对我们早恋。我认为人生的每个阶段都有主要的发展任务，前一个阶段是为后一阶段的发展做铺垫，初中的主要任务就是学习和个人发展，能不逾越就不逾越。

设计意图：针对学生关心的问题展开讨论，目的不在于对早恋进行批判，而是对学生进行心理疏导和方法引导。

环节三：情景 1 导入

（PPT 展示故事内容，学生上台进行表演）

张琪和李洋是同班同学，李洋成绩优异，是连续跳级的天才少年，他暗恋了张琪两年。临近毕业，李洋最近很苦恼，面对越来越近的毕业季，一种遗憾在心中酝酿……

提问：李洋为什么会感到遗憾？

学生 e 回答：我认为李洋的遗憾源于他不知道应不应该去向张琪表

白，马上毕业了，不知道以后还有没有机会再遇见，所以会有遗憾。

提问：如果你是李洋，你打算如何做？

学生 f 回答：如果我是李洋，我会选择把这份感情埋在心里。临近中考，对于李洋和张琪来说，这都是最关键的时候，不能因为自己的遗憾就去打扰张琪，有一种情感叫理智，有一种理智叫时间。我会和她考到一所高中，一起努力，等到适合的阶段再去表白，那时我可能会更加成熟，也更具判断力。

教师：面对情感的困扰，每个人都会有自己的判断。下面让我们看看李洋的选择是不是和我们一样呢。

故事继续（PPT 展示故事内容，学生上台进行表演）

张琪在书房里学习，突然手机里传来了短信提醒的声音，女孩打开手机，发现是一条短信："你好，我是李洋，马上毕业了，不知道以后还有没有机会再见，有句话我犹豫了好久，今天决定说出来。在同班的两年里，我一直默默地关注着你，被你的开朗、直爽打动着，我喜欢你，不知道你能不能做我女朋友？"张琪此刻的脑子有点蒙，对于李洋，她并不讨厌，这个爱运动、阳光的男孩是班里的话题人物，也是自己好闺密的暗恋对象。女孩有些犹豫，不知道该如何回复。

讨论问题：面对可能出现的爱情，张琪应该如何去选择？接受了会如何？不接受又会如何？

设计意图：学生站在当事人的角度去处理问题，通过相互讨论思想得以碰撞，不同的处理方式预示着不同的结果，通过对结果的设定，逐渐形成比较明确的处理方式，引导学生在今后面对同类型的事件时，能够做出正确的判断。

教师引导思考的做法：不接受，就当这件事从来没有发生过，不要因为一条信息就影响到自己的生活，要寻找合适的机会找李洋说清楚，帮助他摆脱这种想法。和李洋说，我们应该以学业为重，希望你对我的喜欢只是同学间的友谊，我不会因为你给我发短信而感觉有什么不便，我希望你也如此。希望我们今后可以成为学习上的好伙伴，学习上如有问题，我很乐意去帮助你。

环节四：情景 2 导入

小组讨论：青春是懵懂的、好奇的，如果张琪没有抵住诱惑，接受了李洋的表白，那接下来会发生什么呢？

故事继续（PPT 展示故事内容，学生上台进行表演）

读完信息后，张琪一夜未眠，对于从没有谈过恋爱的她来说，这次表白让她有点儿兴奋，她想，如果能控制好不影响学习，那谈一下是不是也没有关系啊，于是他答应了李洋和他交往。课间，两人总是在一起聊天，为了不引起班主任的注意，两人常常不吃午饭去操场溜达，晚上则以查资料的理由找家长拿手机聊天。就这样时间很快到了一模考试，由于男生底子好，比较聪明，成绩并没有受到太大的影响，而女生由于长期上课分心、糊弄作业，一模成绩下降了 100 多分，看着成绩单，女孩儿陷入了难过之中……

提问：如果你是张琪，面对这种情况你会怎么做？（请同学们替张琪做选择）

A：继续谈下去，相信自己能够及时调整过来。

B：和平分手，好好学习，备战中考。

C：寻求班主任的帮助。

提问：如果你是李洋，面对张琪成绩大幅度下降，你会怎么做？

设计意图：爱情里不仅有美好也有痛苦，作为中学生我们是否有能力去直面困难，对于大多数早恋的同学来说，成绩的下降是必然的，当恋爱已经开始影响自己的学业，你是否还有勇气继续下去？本节通过情景的创设，把恋爱中经常出现的问题摆在学生面前，引发学生的思考，为下一个环节的结尾创编做铺垫。

环节五：结尾创编

（一）小组创编

前期的铺垫已经将班级的气氛推向高潮，此时要求学生将故事延续下去，每组构思一个故事结尾，以话剧的形式表演出来，进行展示。

（二）创编展示

（A组学生上台，进行展示）

由于一模成绩下降很厉害，张琪谈恋爱的事情被母亲知道，两人发生了激烈的争吵，但是张琪没有听从母亲的劝告，她的课本上越来越多地出现李洋的名字，上课的时候不再想学习上的问题应该如何解决，而是想周末和李洋去哪里玩。二模成绩又退步了几十分后，她开始变得迷茫，感觉学习越来越没有意思。失落的母亲找到了班主任，办公室里母亲的泪水让张琪幡然悔悟，她想起自己生病时母亲焦急的面庞，想起自己学不会时，老师热心的帮助，和这些相比，爱情似乎索然无味，她选择了回归原来的生活。

（B组学生上台，进行展示）

由于李洋阳光帅气，每天都会有女孩围着他，张琪感觉很吃醋，常常和李洋争吵。由于每天都和男生在一起，曾经玩得很好的伙伴也渐行渐远，随着争吵的次数越来越多，爱情似乎已经不像女孩想象得那般美好，与曾经的快乐相比这份恋爱让张琪觉得不值得，张琪把想法告诉了李洋，选择了和平分手。

（C组学生上台，进行展示）

李洋从一开始就把这份感情埋在了心里，在日常的学习中，他经常给女孩讲题，女孩的成绩也越来越好，后来，他们考上了同一所高中，进入高中的两人更加努力。转眼3年过去了，他们如愿考上了理想的大学，在拿到录取通知书的那天，李洋把压抑许久的想法告诉了张琪，早已心生情愫的两人成为男女朋友，未来还会有更美好的事情等待着两人。

设计意图：不同的结尾都能蕴含着一个道理，通过学生的创编能够让学生对后续事情的发展有一个认知，而班主任可以通过整理大家的思路，为后面的总结发言收集素材。

（三）班主任总结

进入中学以来，无论是学生还是家长，都面临着一个敏感的话题——异性交往，那么如何与异性交往呢？我觉得要坚持好以下几方面：

1. 要群体，不要个体

中学生在集体中与异性交往，要尽量使自己交往的范围宽一些，要与大多数同学包括异性同学做朋友和正常交往，不要把自己的感情、友谊只集中在极少数同学身上，尤其不要只集中在单一的某个异性同学身上。在参加学校活动时，要尽量避免与单个异性同学活动，也要尽量避免和固定异性同学经常打电话聊天。如果你努力去做了，就不会引起同学、老师和父母的误解。

2. 要开放，不要封闭

要培养自己开朗的性格、开放的心态，不要把自己封闭起来，遭到误解时应主动向父母说明真实情况，切不可含含糊糊、遮遮掩掩，要尽量使事情明朗化、正常化，避免父母过多猜疑。要经常和父母进行信息交流，包括学习、交友、意志、品质、人格、人生观、意识形态、政治倾向等，把父母当作可以依赖的人，使父母从多方面了解你、理解你，以减少不必要的误解。

3. 要友谊，不要恋情

学会区分和把握友谊与恋情之间的联系和区别。要明白，在青春期，尤其是高中阶段，要把握好自己感情的闸门，更要理智地区分什么是友谊，什么是恋情。青少年由于学识阅历和经验所限，并不懂得爱情的真谛，不具备单独与某个异性同学在感情的交往和发展上将两个人的关系定位在爱情上的社会条件、经济条件和心理条件。发生早恋的中学生最终都以荒废学业而告终，这种代价是残酷的。同学们还是把那份最珍贵的感情先封闭起来，待你长大后，事业有成时机也成熟时，"你若盛开，蝴蝶自来"。

五、班会反思

（1）上好一堂主题班会课，主题一定要鲜明，材料要贴近学生的生活。

（2）主题教育课可以运用多种多样的教育手段，如视频、话题讨论、表演等，以增强教育的针对性和实效性。

（3）班会课上要倡导理论和实际相结合的原则。

"学会爱，用心爱"主题团会

山东省青岛第二中学 王梓民

一、背景分析

（一）学情分析

高一入校后，学生开启全新的寄宿制生活，大多数孩子与家长见面交流的时间单位由天变成了周。青春期的自我与叛逆，也让孩子与家长之间隔起了小小的障壁。每一个孩子都心中有爱、心存感恩，但不知如何与最亲近的人表达。沟通的缺乏减少了心与心的交流。因此，在高一第一学期的时间节点，在活动中要培养学生的感恩之心，掌握与父母有效沟通的方法，更好推动家校合育，促进学生全人发展。

（二）主题解析

在学校"关爱主题月"活动背景下，各团队开展"关爱"主题班会，对于刚入高中不久的高一新生而言，他们在人际关系的处理上仍有很多困惑和难题。这种关系既包含和同学、老师之间的外部关系，也包含和父母、亲人之间的内部关系。因此，在"关爱"主题下，拟通过系列活动来增强学生对人情的感悟，掌握与人相处的方法。在此次班会之前，开展过一次以增进同学间的沟通与理解的活动，本次班会就从如何更好地处理与家人的关系这一角度入手，让亲情得到更好的回应。

二、班会目标

（1）认知目标：紧随学校"关爱主题月"活动，抓住德育契机，让学生在交流互动中掌握与父母沟通、关爱父母的有效方法。

（2）情感目标：让学生与家长通过书信、对话等多种形式更好地感悟亲情，增进彼此了解。

（3）行为目标：培养学生的感恩之心，增强家长与孩子、老师之间的交流，实现更好的家校合育。

三、班会准备

（一）学生准备

（1）征集两位活动主持人，主持人准备相关活动环节，写好主持词；

（2）学生分组开展相关活动准备，如吉他弹唱《父亲写的散文诗》、情景剧表演等；

（3）要求学生在此次班会时带手机，有互动环节。

（二）教师准备

（1）邀请每一位学生的爸爸或者妈妈给自己的孩子写一封信；

（2）邀请四位家长代表出席团会，可提前思考自己与孩子相处过程中的困惑、感动的瞬间、自己处理与孩子摩擦时的方法等；

（3）提前邀请心理组曾莉老师，对于如何更好地处理好亲子关系给现场家长指点迷津。

四、班会过程

环节一：通过学生演绎歌曲导入

以学生吉他弹唱《父亲写的散文诗》开场，引出本次亲子关系关爱主题团会。

设计意图：舒缓感人的旋律，让现场充满温馨的氛围，《父亲写的散文诗》歌词温暖感人，契合班会主题，将学生带入主题情境，便于用心感悟。

环节二：学生主持开场，情景剧表演《解不开的结》

主持 A：老师们、同学们，各位家长代表

合：大家好。

主持 A：好听的歌曲之后，我们开始生化团队第二期"关爱"主题团会，上次团会我们讲到的是同学们在生化 MT 这个大家庭中，如何更好地团结友好、携手前行。

主持 B：今天啊，就让我们把目光投射到我们每个人的小家，我们和我们的爸爸妈妈!

主持 A：他们是我们生命中最重要的人。他们轻声细语的叮咛、意味深长的教诲、默默无言的呵护、体贴入微的关怀，时时让我们感受到亲情的美好。

主持 B：但是，随着年龄的增长，我们与父母的距离似乎有点儿远了。我们不再是爸爸妈妈的"小尾巴"，不再喜欢参加他们组织的活动，不愿意让父母走进我们的房间，可能我们早就厌倦了父母的唠叨……

主持 A：就这样，心与心之间出现了一层无以言说的隔膜。有时，不是我们不懂爱，只是我们不懂得如何去爱。

主持 B：就这样，我们的小家庭里有时充满了火药味，有时酸甜苦辣、五味杂陈。下面,请看我们同学们准备的家庭情景剧《解不开的结》。

家庭情景剧《解不开的结》

主要剧情:爸爸在外工作忙碌,很少有时间管儿子。最近工作上出了些小差错,被老总训斥。这一天,爸爸沮丧地回到家中,推开门看到在玩手机的儿子,于是进行制止,与儿子争吵,被儿子质问:"从小到大,你真正陪过我吗?关心过我吗?"爸爸哑口无言,落寞地坐在沙发上。妈妈目睹整个过程,对儿子讲明爸爸工作上的难处,爸爸一直对他的关心和期望。爸爸对妈妈说:"跟孩子说这些干什么,他不需要承担,只需要好好学习。"儿子说:"不要总把我当小孩子,我也想了解你们的生活,你们总不说,我又怎么知道呢?"父子俩沉默了一会儿,儿子说:"爸爸,我听从你的建议,回家先完成作业,对手机有节制。你能听听我的建议吗?"父亲点头,儿子说:"以后别让自己太辛苦,多跟我聊聊你的事儿,好吗?"父亲握住儿子的手说:"好!"

设计意图:通过情景剧的表演,将学生家庭中常见的场景搬上小舞台进行演绎,家长与孩子们一起观看,既活跃了现场气氛,又引发了学生和家长的共鸣与思考,利于更好地开展接下来的讨论和发言。

环节三:家长、学生交流亲子关系中的困惑

主持 A:刚才这个小情景剧中有苦也有甜,它就是我们每个孩子和父母总在经历的生活。今天咱们班也有几位爸爸妈妈来参加活动,不知道叔叔阿姨看了之后有什么体会?

主持 B:下面就让我们听听,现实生活中,家长和孩子在相处过程中遇到了哪些困惑吧!

家长代表发言,谈与孩子在初中和高中交流沟通上的困境,最主要的是缺少沟通、孩子回避沟通、共同语言减少、代沟越来越明显等。学生代表发言,认为主要问题是沟通过程常常演变为不理解和争吵,有些本想好好说的话在碰撞中就会伤人,但并不是自己的初衷,有时候又不

知如何解释，矛盾逐渐累积。

设计意图：家长与学生面对面交流发言，把平时无法说出口的彼此身份中的爱、期盼与困惑——讲述，打开心扉，增进彼此的了解，也让学生和家长在这一刻都相互理解，学会换位思考。

环节四：与心理专家共同探讨如何学会沟通

主持 A：听了刚才家长和同学们的发言，我也深有同感，有时候明明是好意，说出的话却"带刺儿"，扎得自己和爸妈都疼。

主持 B：对，有时我们自己做错了事，明明知道错了，却不知道怎么去表达歉意，甚至为了自己的面子还跟父母强词夺理。

主持 A：对呀，我们总会关注自己的小情绪、生活中的小波折，却忽略了父母，他们也会有伤心、脆弱的时候，也需要我们的关爱。

主持 B：就像开学前两周的语文课，我们也一直在讲至爱亲情，我们每人也反思得挺彻底的，写了《我不是个好儿子（好女儿）》的作文。

主持 A：问问家长，写完反思性作文之后，我们上个周末回家表现得怎么样？开个玩笑。不过我们确实有一个很困惑的问题，就是我们都想回馈父母的爱，都想成为好儿子、好女儿，但不知道怎么去关爱，怎么把感动变成行动。

主持 B：让我们先听听同学们有没有什么好的建议或者小妙招儿吧！

学生发言，分享日常生活中与父母交流沟通时的好方法，如抓准聊天时机，形式丰富多样起来，可以灵活运用小便签、书信、微信等，多与父母一起旅游、登山、散步、追剧，在共同的体验中寻找共同话题，偶尔制造小惊喜，力所能及地为父母排忧解难，等等。

主持 A：下面我们还是请家庭教育方面的专家，咱们的心理老师曾莉老师为家长和同学们来指点迷津。

主持 B：有请曾老师！

曾莉老师为家长和学生提了三条建议，并用自己的例子现身说法，曾老师指出：

（1）青春期是对父母的否定期。儿童期是对父母的崇拜期，青春期是对父母的否定期，成年后是对父母的理解期。青少年喜欢显示独立，易对父母的关爱产生反感，也不愿向父母流露内心的感激之情。但人到中年的父母们，越来越需要孩子的认可和情感的反哺。

（2）好的亲子关系应该是双向的关爱。父母对孩子过多关爱，易形成亲子间关爱的失衡、单向，时间久了，做孩子的就习惯于被关爱，而忘了表达对父母之爱的反哺。

（3）关爱，从对家人开始。百善孝为先，孩子关爱父母，父母也要乐于接受孩子的关爱，孩子会从中体验到快乐。渐渐长大后，孩子会将"关爱他人"由感性的体验发展到理性的认同，并内化成为一种个人素养。

设计意图：在前几个环节实现情感共鸣并增进彼此理解的基础上，要进行有效的方法指导，学生之间互相提建议、谈妙招儿，再由心理老师从更为专业的高度给予家长和学生建议，让学生和家长都从中得到启发和指导。

环节五：读信环节，学生现场为父母发一条微信

主持 A：感谢曾老师！曾老师的话让我想到，爱就要行动起来，爱就要大胆说出来！

主持 B：但很多时候真的是"爱你在心口难开"，不善于表达怎么办呢？

主持 A：那我们就可以借助其他的方式，比如书信、小便签，又比如微信。这些都是很好的传递情感和爱的方式。

主持 B：咱们的爸爸妈妈也给每个人写了一封信。下面，我们就一起通过这样古老而又真挚的形式展开属于自己的那一封，来感受这份至爱亲情吧！

【配背景音乐】

主持 A：这些都是我们的爸爸妈妈想对我们说的心里话，不知道读完后大家是怎样的心情，又有什么想对他们说的？

主持 B：下面，就让我们拿出手机，为给我们写信的爸爸或妈妈发一条微信，诉说我们平日无法开口表达的真情吧！

设计意图：在进行情感共鸣和方法指导后，让这份"爱"的表达落到实处，家长给孩子的一封信让孩子听到家长的心声，此刻给家长发出的一条微信更是积攒着长期以来的情感亏欠与抒发，将班会的德育效果落到实处。

环节六：导师进行班会总结

在座的各位家长、同学们，今天的团会内容其实有过很多预设，但今天在现场还是被每一位同学、家长和一封封动人的书信所打动。语文课上我们读过毕淑敏的《孝心无价》，我们不仅要有孝心，更要把这种孝心及时表达出来。

关爱是相互暖心的行动，从这颗心产生，让那颗心感知。我和你，看似分离，实际上心连着心。关爱是真诚的给予，关爱也需要愉快接受。我希望爸爸妈妈们多给孩子表达关爱的机会，也希望爸爸妈妈们愉快地接受孩子的关爱，帮助孩子形成健康、高尚的品格。让我们一起学会爱，用心爱！

五、班会反思

此次班会以"关爱父母"为主题，通过学生、家长、心理专家的全方位参与，通过歌曲、情景剧、现场交流互动的方式探讨亲子关系中的困境和解决策略，让学生懂得如何更好地关爱父母，在交流沟通中增进感情。班会整体达到了预期的效果，现场氛围很好，读信和发微信环节将学生与家长的情感共鸣推向高潮。问题是由于团会参与学生人数很多，但真正发言、参与互动的同学人数还是较少，缺少全员互动的体验活动或者让家长与学生一起参与的体验活动，因此应进一步探讨改进。

与人为善，美人之美

青岛大学附属中学　吴书艳

一、背景分析

（一）学情分析

我校"成全教育"理念深入人心，我们努力，让学校的每个角落都充满教育的智慧和欢快的笑声；让学生的每个时刻都享受学习的收获和成长的乐趣。初中生正处于青春期，平时的人际交往中总会发生各种各样的矛盾，或大或小，但是有些问题如果不解决就会破坏彼此的友谊，感受不到生生之间的温暖。如何教给学生正确处理人际交往中的问题，让自己和他人与集体相处更融洽、更和谐，是本次班会力求达到的目标。

（二）主题解析

"独学而无友，则孤陋而寡闻"，学校之中同学间的相处交往，是时时发生的，但在交往中少不了磕磕碰碰，产生龃龉，有的孩子可以快速地处理这样的摩擦，而有的同学则容易在交往中碰壁触礁。引导学生学习与人相处的技巧和方法，形成良好、健康、和谐的人际关系，懂得"与人为善、与物为春"，与人交往时用善意的目光、温暖的语言、微笑的容颜去对待他人。悦纳自我的同时也美人之美。一个个人际交往的小技巧在班会课上被生动地演绎，在师生真情的交流中走入人心，教给初一的孩子们人际交往准则的同时，形成良好的班级氛围，润物无声。

二、班会目标

（1）认知目标：通过沉浸式的情景活动，引导学生不断地从生活中反思，学习别人的优点，改正自己的缺点，更好地修养自己的身心，学会与人和谐相处。

（2）情感目标：学会艺术地表达、换位思考、真诚赞美、宽容别人，在集体生活中成为更好的自己。

（3）行为目标：学习与人相处的技巧和方法，形成良好、健康、和谐的人际关系；学会如何与其他同学交流交往，形成良好的班级正常交往氛围。

三、班会准备

（一）学生准备

各组同学回顾实际生活中与同伴交往时发生的小矛盾，比如学农时对宿舍值日安排不满意、与同学或者亲友之间的口角等，据此写成剧本，参加班会情景剧剧本评选，从而调动每个人会前的积极性。

学生准备班会上要分享的故事与名人事例，让学生感受榜样的力量。

（二）教师准备

做好故事素材收集，下载相关视频，准备游戏用具，设计问题，制作PPT。

四、班会过程

环节一：情景剧导入

导语：

同学们，我们的日常生活是绚丽多彩的，有欢乐，有温暖，有感动，但同样也会伴随着一些摩擦，尤其是我们刚升入初中不久，进入一个新的集体，矛盾不可避免。下面我们先来一起看一下小徐和小申两位同学发生了什么不愉快的事情。

情景剧（一）：自习课上，小徐和小申吵架了，小徐还被气哭了。到底怎么回事呢？

小徐：今天在自习课上，我的同桌小申先是没有经过我的允许就用了我的橡皮，我没有说他。后来他又小声唱歌，还踢我的椅子。我把椅子往外挪了挪，告诉他不要唱了，而他把头转向一边继续唱歌。让我最忍受不了的是，在我认真做题的时候，他突然很用力地打我的头，吓了我一跳。他的一系列行为已经严重影响到我写作业，让我忍无可忍，所以我就告诉他不要这样做，但他不但不听还振振有词，给我起外号，叫我"小心眼儿"！真不知道他小学六年是怎么学的，连最基本的学生纪律都不懂！

小申：我转身去书包里找作业本，我的胳膊不小心碰到了他的头，他就大声嚷嚷，吼我："你还有完没完了？还让不让人好好学了？你不想学，别来影响我！"他误会是我故意打他，我解释了，也道歉了，但他依然不依不饶，又说我踢他椅子，又说上课唱歌，还说我不经过他的允许就用他的东西。我只不过是不小心碰了他一下而已，他就跑去老师那里告我的状，弄得老师把我好一顿批评，真是让我受不了，我就叫他"小心眼儿"，结果他就哭了。

设计意图：设置悬念，拉近学生和此次主题班会的距离。

情景剧（二）（初一学生刚刚学农回来，征集了有关宿舍值日的情景剧）

剧情梗概：学农期间，四位同学安排住在一个宿舍，因为每天都会对宿舍的卫生进行检查量化，舍长安排值日，但是小A同学不认真承担自己的值日分工，导致宿舍卫生扣分，其他两位同学与小A同学发生争执。舍长从中调和，劝说小A，大家齐心协力把宿舍打扫干净。

相信类似的事情在同学之间时常发生吧，那么我们就需要一种智慧，一种可以化干戈为玉帛的智慧——与人为善。今天就让我们一同走进这节班会课，学会与人相处、悦纳自我、美人之美。

设计意图：引出班会主题，起到活跃气氛、调动积极性的作用。

环节二：分享自己探寻到的与人相处的好方法

情景剧（一）课上，分小组展示与人相处的好方法。每组由组内同学主持，灵活地用多种方式给大家展示。

1.学会表达自己

（1）故事分享：一位同学为了庆祝自己的生日，特别邀请了四个朋友在家中吃饭，三个人准时到达了，只有一人不知何故迟迟没有来。过生日的同学有些着急，不禁脱口而出："急死人了，该来的怎么还没来呀？"其中有一个人听了之后很不高兴，对过生日的同学说："你说该来的还没来，意思就是我们是不该来了，那我告辞了，再见！"说完就气冲冲地走了。一人没来，另一人又气走了，过生日的同学急得又冒出一句："真是的，不该走的却走了。"剩下的两个人，其中有一个生气地说："照你这么讲，该走的是我们啦，好，我走。"说完掉头就走了，又把一个人气走了。过生日的同学急得如热锅上的蚂蚁，不知所措。最后剩下的这一位朋友交情较深，就劝这位同学说："朋友都被你气走了，你说话应该留意一点儿。"这位同学很无奈地说："他们全误会我了，我根本不是说他们。"最后这朋友听了，再也按捺不住，脸色大变道："什么？你不是说他们，那就是说我了，莫名其妙，有什么了不起！"说完铁青着脸走了。

（2）小组内交流生活中我们不会表达自己的想法、不会好好说话的事例，并想想这些事情的结局有什么共同点，讨论总结应该如何与人交流。（学生讨论后，让同学起来回答问题）

2.学会换位思考，站在对方的角度看问题

（1）以小组为单位，交流生活中只考虑自己而无视别人感受的例子，并讨论总结换位思考的重要性。

（2）老师总结：换位思考就是换一个角度去看世界。大家小时候肯定玩过一种游戏，两腿叉开，头向下从两腿间往后看过去。你是不是会觉得看到的景色与平常的景色大有不同？是的，这里面就蕴藏了换位思考的道理，它不仅可以让我们发现平凡中的不凡，也能让我们去理解他人，生活中的矛盾就会迎刃而解。

3.学会赞美别人

下面我们再玩一个小游戏，老师为大家准备了50张签，上面写了每个人的名字。我想请三位同学上台抽签，抽到谁就用一两句话赞美那位同学。注意，赞美别人的这位同学和被赞美者都要说出自己的感受。

游戏结束后，请小组内成员交流赞美别人的技巧（回答体会）。这里老师将同学们的话总结成了两个字——"真"和"实"。"真"的意思就是的确、清楚确实、准确，就比如说一个女同学相貌平平，可是你却非说她美若西施、沉鱼落雁、闭月羞花，她听了未必高兴，你可以去赞美她其他真实的方面，如学习好、心地好、性格好等。那么"实"的意思是平实、诚实，赞美的语言必须是由衷的，不能天花乱坠，更不能漫无天际，言不由衷的虚假只会让人生厌。

4. 学会宽容别人

（1）故事分享：红军三军团总指挥彭德怀等 30 多人到前线察看地形，传令兵手执红旗边跑边喊让路。只有一个战士坐着不动。彭德怀见人挡路，便喊了几句。战士站起来朝彭总就是两拳。彭总让过他匆匆赶路。事后，传令兵捆来那个战士见彭总。彭总立即让他回去，战士自知闯祸，心里害怕，见彭总毫不在意，深受感动，后来逢人就说："总指挥真是度量宽宏呀！"

（2）以小组为单位讨论如何宽容别人。

（3）总结方法：第一个方法就是"退一步海阔天空"，意思是你在与同学发生争执时，不要一时冲昏了头脑，非要吵个脸红脖子粗才肯罢休，那样不仅对自己身体不好，而且可能会失去许多朋友。但如果你退一步，那争吵便可能马上停止，不要认为在这个过程中自己让了一步就是畏惧，是退缩，是懦弱。相反，就在你忍让的那一刻起，你就成为一个不拘小节、豁达、心胸开阔的人了。第二个方法就是心平气和与其交谈。两个人相互争吵最有效的处理方法就是静下心来交谈。当你平心静气时，对方的叫喊吵闹也就不攻自破了，或许你们两个人谈上一谈，瞬间就化仇敌为友好，也许会成了无话不谈的好朋友呢！

设计意图：在这个环节，小组展示交流，让学生能够就自己的问题进行有效且热烈的讨论，并得出解决问题的方法，启发学生思考自己在日常的学习生活中交往方面出现的问题，培养学生养成反思的良好习惯，同时，积极探寻解决矛盾的方法，让学生能够应用到以后的交往关系中。

环节三：运用方法提升能力

（一）小组讨论：著名人际关系学大师卡耐基说过："成功来自 85% 的人脉关系，15% 的专业知识"，中国古人曾说"独学而无友，则孤陋而寡闻"，这些无不都在说明与人相处的重要性。大家总结的方法都可以归结为与人为善，也就是用善意帮助别人（点明主题）。下面我们一起来看看本节课开始时，小申和小徐两位同学掌握了与人相处秘诀之后的表现吧！

情景剧内容：

小申：昨天碰到你的头，我真不是故意的。以后再拿东西的时候，我一定注意。谢谢你昨天提醒我，我知道你劝我不要唱歌是想让我静下心来好好学习。其实我特别羡慕你，学习的时候那么投入，上课回答问题还那么积极，你还经常帮我讲题，我应该谢谢你才对，你能原谅我吗？

小徐：我也有错，我不该对你大吼大叫，让你没面子，还影响了其他同学。其实，我也很羡慕你，唱歌好听，球也踢得好，身边总是围着一群好朋友。你平时还经常帮我端汤，拿盒饭，搬椅子，我也应该谢谢你。

请同学们指出剧中正确的与人相处的方法，再次体会如何与人相处。

情景剧（二）问：与人相处的方法掌握了，那我们如何做到呢？我们要提升个人修养，也就是美人之美，发现他人的美，学习他人的美。（再次点题）

设计意图：在每一个环节，都让学生去活动，去体验，去分享，在丰富了该节课学生活动的同时，极大地增强了学生的体验感，最后再让学生自己发现总结还有哪些与人为善的方式，将该节课整体设计勾勒出来。

环节四：谈收获

学习这节课后，想必同学们一定收获满满了，那么你会如何与人交往呢？除了上面的交往秘诀，你还有哪些补充呢？

学生回答：经常参加各种体育活动，这样既有利于提高身体素质、培养兴趣，也有利于提高交际能力；有意识地独自做客待客，独自到同学或邻居家去串门；与人相处时，通过交流明白对方的意图，这样做起事来才会有默契，做事方式要合适，这样别人才感到与你共事心情舒畅。

设计意图：感性的表演和理性的总结相辅相成。每一个设计场景繁华落幕之后，都有面向其他同学的提问，扩大了普通同学的参与度，也升华了理性的认知，让课起于热闹，终于冷静。

环节五：课堂小结

（播放视频）

董卿在和96岁高龄的翻译大师许渊冲说话时，以跪地的身姿，附耳提问，专注倾听，这就是最值得我们骄傲的中华民族的美德和文明。其实，我们每一位同学更应该做的是提高个人修养，涵养正气，要择其善者而从之，其不善者而改之。我们只有不断从生活中反思，学习别人的优点，改正自己的缺点，才能更好地修养自己的身心，真正做到与人为善，美人之美。

设计意图：董卿的一跪，将学生情绪激发到一个高潮。这一设计除了为学生起到良好的榜样示范作用，还告诉学生要有一双发现美的眼睛，看到他人的美，学习他人的美，学生沉入其中，取得良好的班会效果。

五、班会反思

（1）选题富有针对性，切合实际，课堂形式多样，充分调动了学生的积极性，学生课堂参与度高。

（2）以交往出现的实际问题开篇，以实际问题的解决为尾，使整堂课完整性高，而且问题的解决用到的是课上学习到的技能，使技能回归生活。

（3）板书的呈现形式非常新颖，以树作为主干，以与人为善的方式作为果，最终结出累累硕果。

（4）全班同学通过观看情景剧、班级暖心视频、参与各个小组的活动、现场游戏讨论等真正参与到整个班会的活动中，增强了体验感和代入感。

（5）班会多以学生讨论为主，充分发挥学生的主观能动性，进一步培养学生分析问题、解决问题的能力。

（6）学生在情景剧和讨论发言的环节都有精彩表现，但是也暴露出一些问题，如观点没有针对性、表达不流畅等，还要注重平日学生能力的培养。

感谢有你，一路同行

山东省青岛第二中学 王梓民

一、背景分析

（一）学情分析

近些年来，青岛二中打破固有的班级概念，实行"吸引力团队"管理模式，学生根据自己的兴趣选择喜欢的团队，几位"班主任"组成团队"导师团"，共同实现对团队的特色化管理。我们所在的生化团队是由4个班级164位同学组成的大团队，加上青岛二中实行走班制教学，一个团队、一个班级的同学经常不在一个教室上课。在走班制教学、大团队管理的影响下，团队内同学之间彼此相处、团队凝聚力的加强都需要通过特色的团队主题活动加以实现。因此，团队内4位老师在学校"关爱主题月"的活动背景下，开展系列学生感兴趣的体验式活动，不断增进高一学生之间彼此的了解，增强团队凝聚力，成为高一上学期主题班团会设计的重点。

（二）主题解析

本次团会主题为"感谢有你，一路同行"，突显"关爱"和"感恩"

两大关键词，是由生化团队导师和青岛二中心理组曾莉老师共同设计开展的体验性、活动性团队会。164 名生化团队学子在导师的指引下全程参与，通过"无家可归"和"户外盲行"两个活动，利用晚自习让学生在互动式体验中，感受来自身边同学的温暖和团队集体的力量。"一路同行"之"路"既是活动中学生彼此搀扶协助共同走完的路，也寓意着高中三年美好时光中彼此陪伴、互相帮助，共同实现梦想的人生之路。学生通过走一小段路，拉近心与心的距离，为走好未来三年的路奠基。

二、班会目标

（1）认知目标：让学生通过在盲行活动中扮演的不同角色体验，体会何为关爱他人、换位思考的内在品质。

（2）情感目标：让学生在全员参与活动中体验、感悟集体的温暖和力量，在分享感悟中收获心灵的成长，并拥有一颗感恩之心。

（3）行为目标：让学生在活动中增进彼此了解，从而有效地增强团队的凝聚力和向心力，为后续一系列团队活动的开展奠定基础。

三、班会准备

（一）学生准备

导师提前告知团会的开展时间，确保学生准时到达活动场地。导师无须告知学生其他活动信息，让学生保持神秘感和新鲜感，确保现场生成。

（二）教师准备

（1）导师提前确定合适的活动时间，时长一个半小时左右。

（2）提前联系活动场地，需要远离教学楼的较大活动室和户外广场，保证安全性。

（3）材料准备：眼罩（数量为学生人数的一半，82 个），一面粘有双面胶的信封（数量与学生人数相同，164个），供学生书写"心里话"的便笺条若干。

四、班会过程

环节一：导语，"无家可归"热身活动

（一）导语

同学们，大家进入高中已经有一个多月的时间，我们一起经历了军训和学农，同学们之间对彼此的了解也越来越多。这个过程中，你是否体会到自己对这个团队的重要性，又是否感受到来自团队的巨大凝聚力和归属感呢？接下来，我们就通过两个有趣的活动来验证一下吧！

（二）"无家可归"热身活动

活动规则：全体同学自由站立，根据老师发出的不同的数字指令，迅速自由组合成一个"家"，如老师说"3"，同学们就3人组成一个"家"。

经过几次组合，几乎每次都会出现有人因没有组合进任何一个小组而"无家可归"，在接下来的另外几次组合中又"有家可归"。然后老师现场采访"无家可归"者的感受。

设计意图：小小的室内游戏热身环节，调动了学生的活动积极性，在"无家可归"和"有家可归"的不同体验中激发大家寻找"家"的愿望，感受找到"家"的幸福、快乐。

环节二：户外盲行活动

（一）活动规则

全体同学一半戴上眼罩做"盲人"，另一半既做"聋哑人"，又做"盲人"的"拐棍"。"盲人"戴上眼罩后，每一位"聋哑人"上前自由认领一位

"盲人",并辅助他跟着老师的引领,走一段崎岖不平的路程。当全体同学走到户外指定终点时,"盲人""聋哑人"分别站到两个区域,然后"盲人"摘下眼罩,两类同学互换角色,刚才做"聋哑人"的同学再戴上眼罩做"盲人",刚才做"盲人"的同学现在做"聋哑人",并上前自由认领一位"盲人",然后辅助他跟着老师的引领再走另一段崎岖不平的路程。

图 1 户外盲行活动

(二)活动要求

(1)安全第一。

(2)彼此不能用语言交流。

(3)不要通过各种信息辨认帮助自己的人是谁。

(4)用心体会整个过程的各种感受。

设计意图:在两位老师的引导下,"盲人"依靠同伴的指引、搀扶进行户外行走,感受遭遇困难时的恐惧、求助时的急切,"聋哑人"也感受了助人时沟通方法的短缺、助人时的快乐。每位同学在两次角色互换中体会以上不同的感受,同时学会换位思考,体会来自他人的温暖和帮助别人时的幸福感。

环节三：分享感悟

盲行活动结束后，同学们回到团会教室，分享"无家可归"和"盲行"两个小活动的感悟。学生站在受人搀扶、需要帮助的"盲人"角度和搀扶帮助他人的"聋哑人"角度，分别交流自己在活动中的所思所想和内心感受。大家争相发言，纷纷表达对搀扶自己的同学的感激和小小的感动，说出心里话："真的对我扶着的同学感到抱歉，我走得太快了""刚刚我应该抓着他的两只手，我自己走的时候发现空着手是多么不安心""感谢她对我的信任"……说得最多的就是感动、感激、信赖、理解，也渐渐形成了一种思维理念：学会换位思考。

设计意图：活动过后，给予学生沉淀和感悟的时间，将刚才活动中的体验式感受转换成思考，用语言将这份思考和感谢传递出来，在彼此的交流中引发共鸣，在思想的碰撞中增强团队凝聚力。

环节四：打开心灵的窗户，传递"心声"

（一）导师小结，引出新的活动内容

结合学生的感悟交流，老师由刚刚结束的"盲行"活动引导大家将思绪迁移到日常的学校生活中：同学们刚才只是彼此陪伴走过了一小段路，而进入高中的这段时间，我们已经彼此陪伴走过了一段长长的路。我们在跟同学的相处中，一定有很多令自己温暖感动的瞬间，也有些小的摩擦和误解，你可能没来得及说声"感谢"，或不好意思开口说声"抱歉"。今天通过我们的盲行活动，相信也触发了同学们想对其他同学讲述心里话的想法。下面，我们就用一个小小的活动，默默地传递自己的"心声"。

（二）活动过程

（1）每人发一个贴有双面胶的信封，相互帮忙贴到背上，信封开口向上，即"心灵的天窗"。

（2）探寻心声：每个人领取几张便笺纸，同学们走进自己的心灵深处，静静探寻自己对本班这个大家庭中每个人的感恩、歉意和祝福，将自己心底的话悄悄地写在一张张小纸条上，折叠后投放到要送与的同学的"心灵天窗"里。

（3）自己收起信封，阅读里面传递来的同学们的心里话，收获美好的回忆和感动。

设计意图：由此刻的体验式活动拓展开来，引向学生们的日常生活，并用将信封贴在后背的形式把平日不好说出口的话向彼此袒露，阅读后收获不一样的温暖，将温暖传递出去，感受自己在集体中被人珍视的美好，收获美好的心灵体验。

环节五：导师总结

通过此次活动，同学们收获了活动体验中来自"陌生人"的帮助，不必去探寻那究竟是谁，这可能会成为一个永久的温暖的"秘密"，而你在这个活动中收获的、你的信封中收取的，都是点滴温暖的回忆。高中的美丽画卷已缓缓展开，你和生化团队的故事，每一个美丽相遇相知的故事，正在上演，让我们心怀感恩、彼此关爱、彼此理解和帮助，携手去看更美的风景。

设计意图：导师总结整个活动的开展目的和心灵感受，引导学生将此次团会的感悟和收获引向未来三年彼此的陪伴，增强个体在团队中的归属感和责任感。

附：学生活动后感言

今天黄昏的云，真好看，在无限好的夕阳光中，仿佛镀上了一层港风的滤镜，美得不那么真实。今晚的生化有一层比这还好看的滤镜，是信任与感激。

思维深度 心灵温度

沉浸式主题班会设计

下午 5 点 40 分，多功能厅里挤满了人，曾莉老师主持了本次团会"感谢有你，一路同行"。本次团会，可谓亮点纷呈了。有"无家可归""盲行"等小游戏，也有送纸条的温情环节，两个小时下来竟毫无察觉。

先说说小游戏，"无家可归"便是我们小学初中常玩的喊数字抱团的游戏。小时候只是觉得多出来的人输了游戏，而现在确实替他感到孤独与难过。而游戏终究只是个游戏，现实中我们每个人都有家可归，有亲人的地方便是家，有朋友的地方便是家，谁都需要有归属感。

其实归属是一个很有温度的词。它会让我想到家，想到自己珍惜的朋友，想到一个集体，想到世间所有容得下我的人与物。"想到你想起我，胸口依然温热"，张惠妹的歌里也有唱到过，我想，这才是归属感。

第二个小游戏是盲行，一个人戴着眼罩走在二中大大小小的台阶上，成为"盲人"，另一个人成为聋哑人，在他左右帮他走完全程。我先做了聋哑人，一路上走得很缓慢，很多时候道路坦荡，但也无法拉住她的手快跑。在众多楼梯面前，我只有干着急的份儿，不过还是很顺利的。我做盲人时，感觉走了一段极其漫长的路，但实际上那只是校园里的一隅。我难以想象，同是走在好看的天空下，那些看不见这世界的人，坚强地走完一生，是多么漫长与艰难。我也很遗憾不能与他们分享今晚如此美丽的天空。

这一路，我提心吊胆，却也很温暖。如果作为一名盲人，有一个人自始至终地陪伴着我，哪怕他是一名聋哑人，我也是幸福的。而作为一名聋哑人，如果我可以陪伴一个需要我帮助的人，哪怕我不能开口说话，我也是有价值的。这种感觉，就是温暖吧。

之后多名同学陆续分享了自己对于本次活动的体验、感受，大家都感触颇深，争先恐后地举手发言与大家谈自己的触动。

最后一个环节，便是温情的送纸条。每个人在背后贴了一个信封，写了五张小小的纸条悄悄塞在别人的信封里。这五张小小的纸条里大概是酝酿了很久的心里话，也许是灵光一闪的别样的祝福，无论怎样，他们都带着手心的热度与笔尖的灵动和一颗真挚的心，送往每个人的心上。

我们信任那个带自己用另一种姿态走过二中的土地的人，我们感谢那个怀着一腔热情温暖自己的人。今天的故事和今天那个可能三年也猜不出的人，一定会化作源源不断的勇气与力量，一直陪伴你把这世间万物的故事给说完。

五、班会反思

（1）开展体验式班会活动，让每个学生都参与其中，比起日常坐在教室中开展的班级主题活动，走到室外，同学们会有更多更深刻的感悟。

（2）看似简单的游戏，包含着深刻的道理和不同的人生体验，日常要注意积攒各种各样的游戏活动素材。

（3）游戏、活动要与感悟相结合，要将活动体验落到"笔头"，做好活动后的拓展延伸，将活动中的欢快体验转变为静心的思考，让学生有真正"落"到心底的感悟和成长。

（4）注意学生的年龄段特点，活动选取上既要简单易操作，又要有一点儿新鲜感和一定的难度系数，太容易完成的活动会削减学生活动过程中的积极性，影响最终的心灵感悟。

（5）体验式团会后，要做好团会效果的跟踪调研和后续效果，要有后续相关主题的团会共同发力，不断强化。

其实想对你说
——"感恩"主题班会

青岛大学附属中学　吴书艳

一、背景分析

（一）学情分析

举行丰富多彩的主题班会，是最普遍、最有价值的德育工作方式。不仅对学生树立崇高理想、培养优良道德品质和高尚情操、养成良好习惯等具有重要作用，还是实现学生自我教育的重要手段，同时更有助于产生班级凝聚力，改变集体风貌，融洽师生关系，进而建设好班集体。

（二）主题解析

如何让一个已经开展了两年的"感恩教育"主题班会，成为全班同学临毕业时彻底敞开心扉，跨越心灵之间"最后一米"的桥梁和纽带，由最初的知道感恩、心怀感恩，逐步演变为彼此间的感念珍重，进而激发班级全员携手共向前的内动力，我们策划了这样一场主题班会——"其实想对你说"感恩主题班会。

作为初中生涯的最后一次感恩班会，它承载着两年半的悲喜点滴，还有所剩半年的迷人未知。它背负着承接过往的使命和打点未来的责任，为我们心中藏匿许久的感恩火堆再加一把薪。

二、班会目标

（1）认知目标：了解学校的有关知识，增强对学校的亲切感，并能尊重学校其他工作人员的劳动。

（2）情感目标：让学生懂得三年来的进步或成果离不开老师、家长的辛勤培育与教导，应该尊敬老师，孝顺家长，感谢同学，学会感恩。

（3）行为目标：让学生通过活动展示，认识到自己的价值，从而树立正确的前进方向，珍惜青春，积极上进。

三、班会准备

（一）学生准备

有了恰到好处的"主题"，又该如何完美呈现预期的结果呢？学生承担本次主题班会策划，组织同学们积极开展"头脑风暴"，从形式到内容全面"升级换代"，充分调动视听融合体验，让"感念与珍重"的感觉油然而生。

禅修中，最容易让人静心、清心、明心的是禅茶式烛光，班会主过程用其做氛围烘托，水到渠成地带动同学们相继走出个人的"舒适圈"，与集体融为一体。接受感恩洗礼后的欢愉与共鸣，则将由感悟分享蛋糕来圆满。

（二）教师准备

做好素材收集，下载相关视频，准备音乐、蛋糕，设计问题，制作PPT。

四、班会过程

环节一：情感引导式导入

一盏盏灯光熄灭后，一支红烛缓缓升腾，与荧屏上的微光掩掩相映。在掌声四起的浪潮中，班会拉开帷幕。主持人导入：

青春如梦，是血浓于水的亲情，带我们走进绚丽多姿的五彩世界；

青春如歌，是红烛燃烧的师恩，给我们搏击知识海洋的船桨；

青春如画，是朝夕相处的友情，让我们共同绘就同窗三年的难忘印象；

青春如诗，是写不尽的关爱与感动，是诉不完的青春诗行。

我们播种着春天的希望，虽然也历经了寒冬的磨炼；

我们收获着金秋的硕果，虽然也历经了酷暑的考验；

我们用稚嫩的双肩，扛起了对未来的追求不懈；

我们用求真的双眼，探寻着知识和人生的真谛。

初中三年，弹指一挥间，在青大附中这块沃土上——

泪水，曾在这里挥洒；

才华，也在这里闪耀；

热情，正在这里燃烧；

友谊，将在这里结晶。

重温这段岁月，我们品味着成长的诗行；

重温这段岁月，我们感悟着关爱的阳光；

我们将铭记在青大附中迈出的每一个坚实的脚步；

我们更要铭记成长岁月中的每一份感动：

感谢您，父母！

是您的呵护，给了我们前行的力量。

感谢您，老师！

是您的奉献，开启了我们蒙昧的心灵之窗！

感谢您，学校！

是您的关爱，为我们描绘出未来人生的华章！

"成长·感恩"主题班会现在开始！

设计意图：情感铺垫，引导学生沉浸其中在主持人娓娓道来的述说中，那些曾经模糊的记忆逐渐被抚去尘埃，两年半的风风雨雨也开始历历在目。那些不起眼的小事，每一次互助，都像是最珍贵的碎片。

环节二：围绕"我们以集体为荣"，介绍班级特色，展示班级及个人成长足迹

围绕"我们以集体为荣"，介绍班级特色，展示班级及个人成长足迹，图片结合文字说明。

（1）介绍班级奋斗目标、班训、班规。

（2）展示学生专心求学、积极探索的图片，七年级至九年级获得的集体荣誉和代表学校参赛获奖情况。

主持人：

我们是一个团结的集体，我们用真情培育着它的内涵；

我们是一个希望的集体，我们用心呵护着它的声誉。

我们深知，我们的班级承载着家庭无言的深情；

我们深知，我们的班级寄予着学校无尽的希望。

我们精心打扫学校生活的每一个角落，只为了树立"平天下"的宏伟理想；

我们专注于吸取知识的营养，只为了练就本领复兴中华民族的希望。

我们珍惜班级的每一份荣誉，因为凝结着我们共同奋斗的心血；

我们放眼未来学习生活的每一天，因为我们不能骄傲，我们要为家庭和学校争取更大的荣光！

（3）优秀作品展示

电脑展示学生优秀作品：书法、绘画、作业本、作文、科技作品、手工制作、摄影……

主持人：

运动会上，英姿飒爽！劳技课上，我们百炼成钢！综合实践活动中，我们做学习的主人！在这个集体里，我们收获丰富：我们的书写进步了，我们的绘画精美了，我们的成绩提高了，实践活动锻炼我们的口才，劳技课锻炼我们的动手能力，我们懂得了"一分耕耘，一分收获"的道理。

感谢老师，为我们提供了发展的机会；感谢青附，给我们创设了成才的土壤。

在这个充满爱的集体里，我们一起经历了成长历程中的风风雨雨，充满自信地迎来了灿烂的花季。回忆成长历程中的点点滴滴，我们不禁感慨万千。下面请欣赏由同学带来的朗诵《我们在成长》。

（4）诗朗诵：《我们在成长》

主持人：

的确，我们在不知不觉中成长着，绚丽的青春在新中这块沃土上飞扬着；浅浅的足迹在新中这块沃土上印刻着。三年的美好时光转眼即逝，在这段难忘的旅途中我们不仅采撷到了知识的甜美果实，同时也练就了一身"本领"。请欣赏同学们的现场才艺展示。

（5）才艺展示

以小组为单位进行展示，各小组所准备的节目要避免雷同。其形式有唱歌、跳舞、相声、小品、杂技、魔术……这主要是为多才多艺的同学提供展示空间，从而让每个同学都充分地活跃起来，成为活动的主角。

设计意图：在此环节，同学们回忆三年共同走过的美好生活，才艺展示为同学提供展示空间，从而让每个同学都充分地活跃起来，成为活动的主角。

环节三：围绕"感恩老师"，开展"聊聊我的老师""讲讲老师的故事""说说我的真心话"三个活动，拉近师生距离，表达真挚情谊

初中三年我们收获了很多，我们能如此自信地表现自我，难道只靠我们自身的努力？我们更应该铭记，是谁给了我们不断完善自我的力量。不错，我们更应该感谢我们的恩师。参天大树忘不了根的情谊，浩荡江河怎忘得了涓涓溪流的汇聚？难忘师恩，师恩谁能忘？

（一）聊聊我亲爱的老师

（1）班主任最喜欢的颜色是什么？

（2）数学老师的习惯性动作是什么？

（3）英语老师说哪个单词最好听？理由是什么？

（4）模仿你熟悉的一位老师。

（二）讲讲我与老师之间的故事

主持人：

你们知道哪些伟大的人物与他们的老师的故事？

例如，美国作家米切纳拒绝了总统请他去白宫参加高级宴会，为的是去见自己老师，他用实际行动告诉我们：老师比总统更重要！在这三年，一定有很多的事情让你记忆犹新吧，向大家讲讲你和老师之间感人的故事。

（三）对老师说说我的真心话

主持人：

好好学习，成为对社会有用的人，就是我们送给您最好的礼物。老师是最值得我们尊重的人。让我们听听同学对老师的心声吧！

（PPT展示）

其实我对您的感激比您想得多，其实您爱我比我想得多得多；

请问您发的几次火背后是多大的无奈？请问您挤出的笑容藏起来多少的疲惫？请问您的教案里面又有多少不为人知？

老师，其实千言万语，我要的只是你能相信，我能拥有今天，只因有你，我的未来无论如何都千万不可以对不起你；同学，其实万语千言，我要的只是你能相信，我能走到这里，只因有你，我的未来无论如何都千万不可少了你。

设计意图：此环节在轻松愉悦的环境中，同学们渐渐打开心扉，将对老师的万千感谢汇入这泓清泉，滋润我们许久未尝得到表达的心。

环节四：围绕"感谢同学"，开展"摆人字""送你一朵小红花"的活动

主持人：

友谊是一个圣洁而神秘、古老而年轻的话题。在学校这个大家庭的生活中，我们都是在同学的陪伴下度过的。我们一起笑过、哭过，也一起闹过，彼此建立了深厚的友谊。分别之际，你会对同学说些什么？

（一）摆"人"字游戏

固定时间让学生和同桌合作摆个"人"字的造型，一撇一捺，撇可以站着，捺可以坐着（学生摆造型）。体会：是不是互相支撑着，这个"人"字才能站住？

设计意图：让学生用小游戏去理解，人字的结构需要相互支撑，人与人之间需要相互关爱，才会有幸福和谐。

（二）送你一朵小红花

播放《友谊地久天长》，把最想对朋友说的话写下来，折成一朵小红花，送给自己的好友。

设计意图：让学生学会感恩，懂得爱是相互的。在生活中，我们要乐于付出，其实给予也是一种快乐。从身边做起，用自己的行动去感恩他人，善待他人。

环节五：结束

红烛渐熄，灯光亮起，数不清的泪光闪烁，犹如最珍贵的水晶。轻轻奉上感悟蛋糕，共同接受感恩洗礼后的我们，开始分享彼此最后的欢愉，诉说着前程似锦的衷肠。

设计意图：班会教会我们珍惜和离散，教会我们互相道一声"承蒙关照，不胜感激"。未来的路还很长，希望下一个 5 年，甚至下一个 10 年、20 年，我们都还能记得彼此的笑容，真诚地击掌相和。

五、班会反思

灯火摇曳的红烛，见证了本次"感恩"主题班会，从"其实想对你说"打开话匣子到众人同说"承蒙关照"的全过程，见证了正值青春年少的同学们彼此许下的不忘之言，见证了那份可贵的感恩之情在熄灯的黑暗教室里绽放着不灭的光芒。

没有一双眼睛可以和孩子的眼睛媲美清澈，没有一颗心灵可以和孩子的心灵媲美单纯。当孩子们发现世间的美好，当他们的眼睛也懂得凝视，他们的心灵就可以和万物相融，爱和感恩就会从他们心中涌流而出，汇聚成大海汪洋，在前行的路上相守相望。

第二章

待与青春斗长久——"班级文化"主题班会

凝心聚力，为班发光
——艺术节总结班会

山东省青岛第二中学　付丽娟

一、背景分析

（一）学情分析

"造就终身发展之生命主体"是青岛二中一直秉承的教育理念，高一、高二阶段赋予学生充分展示自我、发展自我、成就自我的空间。高二开学之后，学校如期举办了艺术节，其中包括"三行情书大赛""美哲剧大赛""艺术节的篆刻比赛"等活动。在学习之余，有的同学参与了多样的活动，而有的学生对此不热心、不积极，并未参加任何艺术节活动。因为涉及为班级加分的奖励，学生对班级活动产生了不同的理解，且对同学间的人际和谐产生了较大的影响。因此，以此为契机，厘清什么是班级活动以及班级活动、集体活动的意义等，将在学生心中埋下一粒名为"集体"的种子，对学生的成长发展意义重大。

（二）主题解析

人是社会性动物，作为社会中的一员，应该具备集体意识，个人为集体着想，才能汇聚成巨大的力量，为社会发展、个人成长打造更好的平台。集体与个人是不可分割、难以割裂看待的，个人是集体中的个人，集体是由个人组成的集体，集体中的每一位同学都应该关心班级、热爱集体，这是大多数同学的共识。但在具体的行动中，同学们的行动力却相差甚大，有的同学只享受集体带给个人的荣光，以各种看似合理的借口逃避集体的责任与义务。因此，引导学生凝心聚力，为班级发光，让自己在集体中成长尤为重要。

二、班会目标

（1）认知目标：通过梳理艺术节中的活动，使学生理解班级活动，认识集体活动。

（2）情感目标：学习在班级活动中为集体努力，为自己喝彩，反思自己在班级活动中的收获与不足，为今后的成长提供努力的方向。

（3）行为目标：认识自己的优势特长，在集体活动中取长补短，增强个人能力，争取今后为集体多做贡献。

三、班会准备

（一）学生准备

（1）艺术节活动展示短视频、参赛视频。

（2）学校艺术节的策划者——宣传设计部部长孙玉菲准备艺术节活动设计初衷。

（3）个别同学准备采访录音、参赛故事、参赛感悟。

（二）教师准备

（1）准备PPT。

（2）准备"击鼓传花"小游戏的道具。

四、班会过程

环节一：PPT 动画导入

导语：艺术节，为成长而生

看着屏幕上跃动的文字，我们想起的是刚刚过去的一个月，在初秋的二中校园里我们经历的艺术节。在艺术的天空中，我们感受着获奖的喜悦、成长的悲伤，正是欢笑与泪水让我们经历了这个不一样的秋天。在这些活动的举办过程中，同学的参与热情差异极大，同学们有着各种不同的想法，让我们来听一听同学们怎么说。

（播放提前准备的采访录音）

设计意图：通过采访录音的方式一方面保持神秘感；另一方面保护学生的隐私，以防与同学由此产生大的矛盾冲突。同时为主问题——什么活动才是"班级活动"的解决做好铺垫。

环节二：活动中的 **"？"** ——"班级活动"大讨论

问：以艺术节活动为例，请大家探讨什么是"班级活动"。

照片展示"国庆团建""三行情书大赛""美哲剧大赛""艺术节的篆刻比赛"，思考并讨论：以上四个活动，哪些活动属于班级活动呢？

（小组讨论）

预设回答：

国庆团建。这是班委组织、全班参与的活动，国庆团建形式虽然多种多样，如我们去年去海边捡垃圾、五四广场义卖，今年在中山公园的主题活动，但都可以很好地锻炼身体，促进同学间的友谊，是十分有意义的班级活动。

三行情书大赛。这个是以个人为单位报名的活动，不属于班级活动。

美哲剧大赛。虽然并非全班参与。但在艺术节活动细则里写道,"每微团至少上交一份作品",因此这些同学是代表我们全班去参加的比赛,同时他们的押金也用了班费支持。决赛时我们也有很多同学去现场看节目投票,支持我们班的美哲剧,所以这是班级活动。

艺术节的篆刻比赛。这是一个专业性较强的活动,首先需要擅长篆刻,因此有条件参加的人是极个别。大家可以再去看一下艺术节活动细则,上交要求都是"每微团至少提交 × 份",所以即使只有李知霖一位同学参加,但相当于代表了我们全班去参加比赛。虽然参与的人少,但这确实是一项班级活动。

班级活动是以班级为单位参加的活动,但它不等于全班都参加的活动。有些活动需要全班参加,但有些不是,比如美哲,比如书法,所以班级活动是没有人数限制的。

设计意图:用开放性问题引导学生思考、辨析,增加对问题的认识判断与理解,调动学生参与的积极性的作用,为下一个环节活动总结做好准备。

环节三:活动中的"!"——艺术节班级活动总结

(一)成果展示

设计目的:引领同学回顾整个参赛历程,回顾一个月来的忙碌与热情,不辜负付出努力的同学,为做得不足的同学提供借鉴,增加班级荣誉感、自豪感、凝聚力。

在同学们的支持下,艺术节顺利结束。大家是否还记得?艺术节10月26日开幕,共分为音乐类和美术类两类活动。我们班同学在本届艺术节中参与的程度较去年积极了许多。首先,音乐类,我们参加的是十佳歌手比赛。初赛共有两名同学参加,分别是刘昭馨和迟瑞宇,并且迟瑞宇入围决赛,并在最终成功成为十佳歌手中的一员。

（参赛视频）

美术类活动我们共参加了五项，其中"二中的日子"漫画大赛参与者是高子航，"二中心印"篆刻设计大赛参与者是李知霖，"诗词歌赋书二中"书法比赛参与者是熊冀烨和李佳，"音画世界"彩绘壁画大赛参与者是蔡昱珊、季煜坤和王璞凡，以及美哲参与者们。

（PPT上放作品照片）

（二）收获共享

同学们参加了如此多的活动，付出了如此多的精力，我想每个人都会有一些收获。那我们请这次参加这些活动的同学代表来谈一谈吧。

设计意图：参加过艺术节活动的同学，不管是活动设计者，还是参与者；不管是主创还是演员，只要参与过，为此贡献过自己的力量，都会有自己的考虑与收获，分享可以引领未参与的同学在之后的活动中寻找机会，实现自我突破，同时思考当没有适合自己直接参与其中的活动时，可以发挥什么作用，融入班级氛围，使整个班级的合力得到最大限度的发挥。

美哲剧主创人王一健：

我第一次组织这么大规模的活动，从剧本创作到选角，再到道具灯光音乐，事无巨细。

经此次活动，我深切感受到了团队协作的重要性，想要事半功倍，离不开合理的分工和默契的协作。

这两个月，我很快乐。其间虽有重重困难，我想放弃，争夺场地的焦急、时间紧迫的焦虑、等待结果的忐忑都盖不过得知入选的欣喜、事情回到正轨的安心，还有大家的欢声笑语……

回望这段经历，我会对她说："美哲，好耶！"

美哲剧演员孙弈文：

就个人而言，起初，我对美哲并不十分了解，刚刚参加表演时，我感到紧张、焦虑，甚至不知所措。但随着时间一天天过去，我渐渐融入了美哲的团队，开始思索人物的心理状态、内心活动，并考虑如何更好表达自己的情绪。当表现不够充分时，我会向周围的同学询问在他们眼中我的动作语言。当台词越背越熟、动作越练越准后，站上曾经让我焦虑、紧张的舞台，我不再怯场。就整个团队而言，我们配合默契，分工明确。演出的剧本和配乐是关键，高质量的剧情设置让我们入围决赛，高水准的配乐让观众，也让我们迅速进入故事剧情，进入状态。在每次排练时，我们都会考虑怎样做才算最好，将每一个动作调整到完美。在台下的无数次配合，才会有舞台上精彩的表现。

（三）思考分享：班级活动，我能做些什么

问题 1：艺术节的活动，为什么要以班级为单位去参加活动？像篆刻书法这种比赛，为什么不是以个人为单位呢？本届艺术节的赛制是以团队为单位，用某项活动总分除以参加这项活动的微团数，再把所有活动的得分相加得出。所以大家可以思考一下，为何要以班级为单位参赛？

设计意图：首先，对于赛制而言，它需要体现一种公平公正。比如某团队有 5 个班，但某团队只有 1 个班，像美哲剧这种比赛，如果以累计相加的方式算分，某大团队甚至可能比其他小团队高出四五倍的分数。同样，以班级为单位参加也是体现公平公正的合理方式。

其次，以班级为单位，是班级集中意志的体现。篆刻书法这样的比赛，派出参加的这个人就代表了这个班的水平，这个人不仅是想给自己争荣誉，更想为班级做贡献，同样其他同学也一定希望这个人能够做好，大家才会鼓励他做到更好，以此提升了班级凝聚力，也更加有意义了。

最后，也是最重要的一点，以班级为单位还可以增强团队精神，提升团队向心力、凝聚力。这里不仅仅是代表班级荣誉，更是代表理工团队的荣誉。比如，美哲剧大赛我们团队有 3 个班参加，但最后却要除以 4（因为理工团队有 4 个班），我们在美哲上的分数就会比别的团队低。

美哲剧大赛是班级活动，但又象征着团队精神，因而需要我们每个班在为班级争光的同时，也为团队增添一份力量。这份责任感，也就会推动我们走向更好，让活动更精彩。

有些同学之所以没参加活动，可能是因为自己确实水平不够，但也有可能是因为自己不想参加。如果你是真的热爱班级、热爱团队，我想你一定不会就此放弃。你一定想有机会为班级、为团队攻坚克难贡献一份力量。

而参加了活动的同学，或许每个人也不一定就是真正热爱，可能只是当时心头一热，或是被强迫拉去，在活动过程中心里也有所怨言，但最后还是坚持了下来。但当你走完全程的时候，心里一定会有成就感，也一定有想说的话。

每个学生从不同角度考虑，每个活动都不是随便设计的，也许其中的某个环节会让你在以后的某一刻突然发现其存在的意义。而当你和身边的同学们经历过这一切之后，彼此一定会更加了解，更加熟识，更像一家人。其实理工三班就是一个大家庭，只是你曾经没有想过好好了解它、依靠它，可当你细细品味后就会发现，这个班级的力量究竟有多强大。这股力量就叫作"班级凝聚力"。

问题2：如果你无法代表班级参加某项活动，那你可以为参加的同学做些什么呢？我们又应当如何对待每一次班级活动呢？

（击鼓传花，随机提问）

设计意图：如果参加不了某项活动，可以去推荐这方面擅长的同学参加，也可以在他们遇到困难时提供一些灵感和帮助，甚至可以仅仅在活动快要截止的时候去提醒他一下，一个人可能做不了太多，但可以为这些勇敢去做的同学给予发自内心的支持，这会让他们为自己参加班级活动而深感自豪，并会努力去做到最好。这样的提问，可以集思广益，让学生发现更多为班级出力的机会与方式，让活动将全班的心都凝聚在一起，所在的集体闪闪发光。

环节四:活动中的"……"——艺术节背后的故事(PPT 图片配合)

学生讲述:学生联合会宣传设计部部长,也是这次艺术节美术类活动的负责人孙玉菲,利用微视频与现场解说配合讲述。

设计意图:我们一般会将目光聚焦于光鲜的台前,但幕后会有诸多工作,可以发挥很多同学的聪明才智。转变观察视角,我们会发现活动更加多元。转变观察视角,我们才能发现一个活动不是单打独斗可以完成的,需要很多部门的配合与协作。加强合作观念,才能助力我们更好地成长。

孙玉菲:

作为学生联合会宣传设计部部长,也是这次艺术节美术类活动的负责人。这一届艺术节对我来说很不寻常,8 月时策划活动,9 月时撰写活动细则,10 月时宣传活动并开幕艺术节,11 月时收各项作品,12 月时美哲决赛和汇总成绩。它陪伴我从盛夏走到寒冬,我甚至已经把它当作了生命的一部分。

整个过程对我来说,压力很大。策划活动需要考虑到很多提交时间,对接的负责人要准确无误。10 月 1 日假期就推送了实施细则,假期里还召开了线上宣传委员开会,当时怕很多人看不见,就在 pad、微信群、QQ 群里各推了一遍,还去通知了几个认识的人提醒他们班同学加群。后来我怕大家忘记提交时间,就在每周末往群里发条群公告,提醒他们哪项活动还有几天截止、提交到哪里,在截止日期快到的时候又在 pad 里推了一遍提交方式。

我的 QQ 里一共有 3 个置顶,一个是宣传委员群,一个是美哲交流群,还有一个是宣设的群。这些在我眼里变得越来越重要,以此保证万无一失。

当然压力最大的还是美哲。从最初交剧本到录初赛视频,到初评,到彩排,再到最后的决赛,我的压力也在一步步累积。我还记得 12 月 1

61

日从美术办公室出来以后压力究竟有多大，为一个决赛需要准备那么那么多。我一回到班里，接着把自己未来十天要干的事都写在一个本子上，我留给自己的位置很小，它已经被我写得密密麻麻。每完成一项任务就在后面打钩，有新加的任务就用红笔标注上，终于在12月10日，我打完了所有的钩，内心还真的挺有成就感的。在美哲前一夜，我说，明天我要在礼堂创造奇迹，而我终于没让自己失望。

美哲剧，咱们班表现得相当出色。我当时就坐在第一排，看大家每个人都那么投入地去演，既然已经付出了这么多，已经尽全力了，无论结果如何，我们都不留遗憾了。当然我们的评价也是相当高的，有很多同学和我说我们班的剧特别好看，评委也给了我们相当高的分数。我当时去问屠老师，我们班的美哲剧怎么样，屠老师说，感觉一夜之间我们的演技有了质的飞跃。所以真的很感谢每一位为美哲付出的同学，让我们为他们鼓掌。

艺术节期间我遭受的挫折很多。期中考试考砸以后，我的心情是前所未有地崩溃。但后来我又站起来让自己再次投入了进去，当时我就想，反正就剩几个周了，熬过去就好了。这期间有一直陪伴我的朋友不断给予我温暖与力量，让我在未知中勇敢前行；还有我的老师、副部、干事们给我帮助、替我分担，而且每一个人都做得那么好。

总之，在班级、在部门、在团队、在学校，每一处都是温暖的集体，每一处都有着强大的凝聚力。也是这些，陪伴我支持我一步步走过艺术节漫长的赛程。

感谢我所在的集体，感谢我们的理工三！

让我们一起热爱我们共同的理工三，用自己的能量让它发光！

五、班会反思

（1）联系学生自身的困境，容易激发学生兴趣，提高参与热情。

（2）利用学生经历的事件，更能引发学生的思考与比较，比纯粹讲道理有效得多。

（3）问题的设计要环环相扣，要层层深入，要有触动灵魂的思考。

（4）注重学生自身的体验，由人及己，结合同学的间接经验，更能引发触动和思考，继而转化为行动。

（5）有效利用视频、情景展示、游戏等形式会让班会内容丰富有感染力，课前调查的任务布置能帮助学生更深入地理解思考。

（6）关注事件，更要关心成长，从成长的角度看问题，不能注重与批评指责学生的不足。

舞动青春，为运动喝彩

青岛西海岸新区育才初级中学　袁洋

一、背景分析

（一）学情分析

新教改下，教师和学校都应关注学生的健康教育。中学教师应当充分准确地把握中学教育的基本性质，拓宽全面素质下的教学新渠道，而校运会显然是优化中学生综合素质的有效渠道，对校运会的过程以及所获得的成绩进行总结，也能激励学生努力锻炼，争取下一次校运会时能取得更好的成绩。

（二）主题分析

运动与健康是不可忽视的教学部分，对青少年来说，良好的运动观念和健康意识是立身之本，是学习与成长的基础。初中生作为祖国的未来、民族的希望，不仅要有良好的学识，还应当具备一个健壮的身体。校运会的结束不意味着体育锻炼的结束，要让学生对运动会进行总结，激发他们的运动热情。

二、班会目标

（1）认知目标：通过对校运会的经历进行总结，使学生认识到运动是提升自己的有效手段。

（2）情感目标：加深学生对班级的情感，在活动中凝聚班级合力。

（3）行为目标：作为学生要有高昂的运动热情并学习校运会班上运动员所表现的优秀精神，在日常的学习生活中要不畏艰难、顽强拼搏，既要坚持学习，也要找到自己所热爱的体育项目，让健康的身体成为学习生涯的基础。

三、班会准备

（一）学生准备

让学生思考自己在校运会中最喜欢的体育项目、对哪一位运动员印象最深刻以及校运会上令人难忘的事情，并让学生自行组队，要求所有学生都要组队，分组制作PPT，并要求每一组学生在班会开始时上台进行讲述、分享。

（二）教师准备

运动会开幕式创意方队视频、比赛过程视频及照片。

四、班会过程

环节一：回放运动会开幕式视频、图片

设计意图：开幕式从设计、准备、排练到演出的全过程，付出的是全班人的心血，自编中国舞——《中国红》也是学生们共同讨论后的成果。通过视频和照片，让学生重新回忆自己所付出的努力，对学生的集体智慧给予肯定和鼓励。

环节二：让学生上台分享自己在校运会中最喜欢的项目，引出主题

导语：

少年强则国强，少年富则国富。"体无智则莽，智无体则弱。"为了让祖国的明天更强盛，如今的中国已是一个体育强国，亚运会、奥运会，我中华健儿摘金夺银，谱写了一个又一个辉煌的篇章。我们熟悉的亚洲飞人刘翔就是经过千百次的磨炼才一举成名的，凭借不懈的努力刘翔终于成了中国乃至亚洲人的骄傲，这就是体育的力量。体育强国是一种意志上的证明，是民族面貌的展现，作为祖国新一代青少年，更需要坚持运动、热爱体育，向世界展现中华民族的新风貌。现在，让我们请第一组同学分享他们的运动爱好。

请小组上台进行分享。

A小组展示了100米跑步比赛时拍摄的照片，A小组的组长也是获得100米第一名的管同学，向同学们分享他们喜爱的运动——短跑。A小组成员认为运动的意义就是要展现自己，要变得更加优秀，而短跑是最能展现身体素质的项目。

B小组分享的是4×100混合接力的视频，向同学们表示他们更喜欢校运会中的接力项目。并且，B小组成员也分享了他们的运动观，即团队的力量更强大。B小组成员都表示他们喜欢接力这种重视团队能力的运动。

C小组分享的是跳远项目时拍摄的照片，参加跳远运动的丁同学其他体育项目并不擅长，唯独在跳远项目上有独到的天赋，所以C小组成员宣扬的是，每一个人要找到自己擅长的特长。

设计意图：通过学生的讲解，激发学生的学习兴趣，让每一个学生有更好的活动参与感，为后面的环节做铺垫。

环节三：总结运动会各项筹备工作

1. 策划组×××同学发言

本次创意方队的主题是"庆祝建党一百周年"，作为策划组的组长，我将本次展示活动分为两个部分。第一部分就是我们自己编导的舞蹈——《中国红》。这部分是每一个同学都要进行表演的，在这里我也感谢同学们的配合，谢谢大家认可我们策划组的这次表演方案。第二部分就是由我们策划组的5个女生演唱歌曲《我和我的祖国》，为了唱好这首歌，5位女同学每天都会坚持排练，我在这里也想夸奖这5位同学的付出。本次活动，我们班的创意方队主题鲜明，获得了与会老师的一致好评，我很感谢同学们在忙碌的学习中，还愿意抽出时间配合我们的活动，这次表演还获得了一等奖，我觉得这个奖状是属于我们班全体同学的。

2. 服装组×××同学、×××同学发言

本次创意方队的主题是"庆祝建党一百周年"，因此在服饰的选择上，我们以红色为主，在挑选服饰的过程中，我们也是货比三家，不仅在网上寻找合适的店铺，还在周末去了几个服装设计店，这个过程十分辛苦，有几次我们还想着随便挑一家服装店就好了。不过幸好最终还是找到了最适合这次表演的服装，我们服装组的同学也很高兴没有辜负老师和同学们的信任。

3. 比赛组×××同学发言

本次运动会，我主要负责比赛项目的统筹安排，避免出现漏项。作为体委，对这次工作我也是十分上心，整合并收集了每一个要比赛的同学的名单，以及他们要比赛的时间。每当一个项目即将开始的时候，我都会提醒参赛的同学，保证他们不会迟到或者错过比赛。同时，在每一个比赛结束的时候，如果我是空闲的，我也会去接结束比赛的同学回到

方阵，无论他们的成绩如何，我都会鼓励并且表示肯定。在这次活动中，我感受到了团队的重要性，在和同学们团队协作、安排计划的时候，我感到十分安心，我想这次校运会也让我们同学之间的感情更加深厚了。

4. 行政组×××同学、×××同学

本次活动，我主要负责班级同学的管理工作，作为团支书，在运动会当天的管理过程中，我主要负责维持"大本营"中的纪律，以及在校运会结束以后让同学们把"大本营"打扫干净。

设计意图：对筹备工作的总结，主要是表扬校运会中做出贡献的同学，为了鼓励学生们为班级发力，筹备工作的总结主要是让各筹备组的组长上台发言。

环节四：学生上台分享校运会中自己对哪一位同学印象深刻

导语：

在本次校运会中，我们班的运动员努力拼搏，最后拿到了总体第二名的好成绩。现在，我们有请接下来的小组上来分享他们在本次校运会中印象最深的运动员。

请小组上台进行分享。

C小组的成员选择的是班里参加100米短跑的管同学，管同学在这次比赛中拿到了第一名的好成绩，在日常的学习和活动中，管同学也是一个认真、努力并且坚持锻炼的人。C小组的成员认为管俊博同学身上专注、勤奋的品质，值得大家学习。

D小组的成员选择的是班里参加实心球项目的王同学，王同学的体型比较健硕，不适合跑步，但非常适合力量类的项目。据D小组成员的采访，王康庆同学在日常也很喜欢力量训练，兼具天赋与努力。王同学的事迹启发了D小组的成员，让他们认为，成功除了勤奋的努力以外，还需要选择对适合自己的道路。

E 小组的成员则是选择了班里参加跳高项目的盛同学，当时报名的时候，其实大家都不愿意参加跳高，因为大部分同学都没有练习过这一项目。但是盛同学还是选择了报名这一项目，虽然盛同学没有在这次校运会中取得好成绩，但她表示以后会坚持锻炼，争取下一次校运会能有所进步。E 小组的成员认为，盛同学这种不怕失败、承认失败并且知耻而后勇的精神，值得我们大家学习。

设计意图：运动员是激励人们热爱体育运动的重要途径之一，在校运会中，愿意主动参加的同学都有一定的拼搏精神，这些实际、可接触的案例或许能更好地激发学生的运动热情。

环节五：播放励志电影《洛奇》片段，并让学生谈一谈观后感

导语：

影片讲述了一个籍籍无名的拳手洛奇获得与重量级拳王阿波罗争夺拳王的故事。这部电影所讲述的虽然是较为小众的拳击运动，但其中主角洛奇不怕困难、坚持练习、勇于拼搏的精神，是几乎适用于所有运动的，这种奋斗的品质也同样适用于我们的学习。

播放电影《洛奇》，和学生共同观看。

问：在《洛奇》中，你们所感受最深的情节是哪一个？你们觉得电影中所体现的哪一种精神更为珍贵？

学生 a 回答：洛奇在生活中只是一个小人物，生活平淡，根本没用什么可以来炫耀的，就像每一个生活中的我们，只是努力地活在每一天。有一天他突然收到邀请和拳王比赛，他知道他不会赢，因为对手太强大，但是令我佩服的是他并没有退缩。这也许就是一个人值得佩服的地方。也许我们战胜不了某些困难，但是只要我们努力去战胜它，我们就是成功者，因为我们曾经尝试过，我们曾经努力过。

设计意图：《洛奇》是经典、有代表性的运动励志电影，对于青少年来说，其中朴实的奋斗观更能起到激励人心的效果。所以对电影《洛奇》进行观看，能让学生在精神层面热爱运动。而且以励志类电影作为班会结尾，能让学生感受到自己与运动员在精神、思维、意志上的差距，激励学生更加努力地提升自己。

环节六：运动员上台讲解运动相关知识

导语：

运动是一件有益的事情，身体的强壮是日积月累的结果。但是运动也是复杂的，如果不能正确安排我们的运动内容，可能对身体造成损害。所以接下来我们有请这次参加了校运会的部分同学上台，分享他们熟知的运动知识。

请参与本次校运动的运动员上台进行分享。

管同学分享的是运动时间方面的知识，他查阅了资料之后，认为傍晚（下午3点到7点）锻炼效果比较好。因为现代运动生理学研究表明，人体体力的最高点和最低点受机体生物钟的控制，一般在傍晚达到高峰。比如，身体吸收氧气量的最低点在下午6：00；心脏跳动和血压的调节在下午5：00到6：00之间最平衡，而身体嗅觉、触觉、视觉等也在下午5：00到7：00之间最敏感。

丁同学分享的则是锻炼的一些注意事项。丁同学认为锻炼要懂得循序渐进，运动的目的是强身健体，要注意每一次的运动强度。同时，丁同学还倡导同学们在每一次运动前都要充分热身，热身是为了避免运动损害。

王同学主要分享的是无氧运动方面的知识。王同学科普了无氧运动的一些常识，并倡导热爱无氧运动的同学们要注意休息。根据王同学查阅的资料，休息是肌肉增长的必要条件。

设计意图：体育锻炼是一个复杂的过程，身体健康需要循序渐进地锻炼。所以体育运动中其实蕴含着很多知识，这些知识可以有效地帮助学生更安全地进行锻炼。而如果教师进行讲解，显然效果不佳，最好的方式还是让学生自己科普。

五、班会反思

（1）班会课上的选材一定要贴近学生的学习和生活，这样才能产生共鸣。

（2）班会课要注重学生的参与感，关注小组合作。

（3）利用契合主题的电影题材，更容易激发学生的学习兴趣，提高参与热情。

拼搏共进，与子偕行

——体育节总结班会

山东省青岛第二中学　付丽娟

一、背景分析

（一）学情分析

"造就终身发展之生命主体"是青岛二中一直秉承的教育理念，高一、高二阶段赋予学生充分展示自我、发展自我、成就自我的空间。高二，学校如期举办了体育节，在男生占4/5的理工团队，学生热情高涨并积极拼搏、努力奋进，为班级取得了荣誉的同时，也使学生之间更加团结友爱，更加注重协作。基于本次体育节，挖掘学生身上体现出来的美好品质，加以强化巩固，帮助学生更好地认识自己，对学生的成长与成才而言尤为重要。因此，设计以"拼搏共进，与子偕行"作为本次班会的主题。

（二）主题解析

每个强大的集体是由个人组成，集体中的每一位同学拼搏进取、积极奋进，是无论是个人还是集体都特别值得自豪与骄傲的事情。学校体育节，班内同学参加了足球、羽毛球、乒乓球、棋类（国际象棋、中国象棋、围棋）等多种比赛，在运动中接受着磨砺、考验，其中足球运动耗时长，过程跌宕起伏，吸引着全班所有同学的目光，刺激着所有人的神经。如此重大、众多的体育赛事，为学生提供了广阔的舞台，学生施展着自己的才华，感受着拼搏进取、团结合作等诸多方面精神品质的迸发，也在运动中实现着身体与精神的双重成长。以"拼搏共进，与子偕行"为主题，意义不仅在于挖掘表扬其中所蕴含的美好品质、精神，更在于以此为基础激发学生的学习成长内驱力。

二、班会目标

（1）认知目标：通过体育游戏正确认知体育运动及其中所蕴含的奋勇拼搏等优秀精神。

（2）情感目标：体会在体育运动中呈现出来的团结向上、携手共进等集体精神。

（3）行为目标：凝聚班级内的同学情，以体育运动中的拼搏共进、团结向上的精神、饱满的热情和激昂的斗志投入高考备考中。

三、班会准备

（一）学生准备

（1）足球场上所需要的足球、标志桶、标志筒；

（2）体育小游戏、矿泉水瓶；

（3）体育运动会照片；

（4）个人参加体育节的感悟；

（5）动感音乐。

（二）教师准备：总结 PPT

四、班会过程：

环节一：体验导入

（一）导语

"校长杯"足球赛刚刚结束，虽然结果并不是最完美的，但在此过程中包括观众在内的每一位同学都竭尽所能，拼尽全力。让我们为同学们的精彩表现鼓掌！同时，还要感谢同学们对我们班体育节各项活动的大力支持，在观看了尤为鼓舞人心的足球比赛之后，大家都很激动，摩拳擦掌、跃跃欲试，那么，踢好足球究竟需要做到哪些呢？下面我们来"足球场上展风采"体验一二。

（二）活动体验

"足球场上展风采"体验活动在绿意盎然的足球场上开展，共分为三个部分：

1. 足球知识问答

每组共回答 5 个足球问题，快速完成者优先出发。

设计意图：于快速学习而言，充分的理论准备，是完成一项活动必不可少的部分，必须重视，不可忽视。这不仅适用于学习，也适用于体育运动。同时，这是以新成立的随机分配小组的第一次活动，于磨合之中开头，在其中体会万事开头难，但必须有人在集体中做出表率，才能给予团队勇气，带领团队勇往直前。

2. "团结奋进"小游戏

两人一组，将球夹在背部，将球运送至下一个关卡，总计 5 个球，中途掉球无须返回，回到掉落地点重新继续即可。也可选择跳过此关卡，但需要完成"扔正瓶子"小游戏，将3个装有半瓶水的矿泉水瓶子用"扔"的方式摆正。

设计意图：加强团队间的协作精神，同时增加心理韧性——有时某项任务的完成会遇到极大挫折，可能需要点儿运气，但不能向困难低头，遇事不抱怨不放弃才是获得成功的好方法。

3. 点球射门游戏

将第二个关卡中的5个球依次放在点球点上射门，每个点球点上均须射门成功。没射进，须重发。每队有8次机会，若8次以内未满足条件，则总用时加15秒。以最短时间完成者为获胜者。

设计意图：面对机会时要把握住机会，看好临门一脚，更要抓住时机。

环节二：感悟分享

问：经过刚才紧张热烈的比赛，同学们有着怎样的感悟呢？

预设回答：

从优秀中我感受到了团队协作的力量，我们在每个环节的衔接上都需要团队配合、互相帮助，才能更快地完成任务。这让我感受到了足球运动所带来的乐趣。

我感受到了体育运动的魅力，每天参加足球训练、踢足球的同学对足球深切的热爱。我建议在下一次组织比赛时，适当考虑男女性别的问题，避免产生尴尬。

我个人不是很了解足球，只是在小学时练过一阵子，足球确实挺难的，在这里，特别感谢为班赛拼搏的同学。

这组活动比较考验默契度和技巧性。我看其他组在运球时，我本以为跳着走球容易动，不容易运球。但看杨德帅和王琦运球时，也是同样跳着前进，却又快又稳，我想这和他们平日的训练关系密切，这不但需要默契，更需要技巧。

设计意图：用开放性问题引导学生各抒己见。每位同学的情况不同，感受不同，通过听、思、讲的结合，与同学真诚交流，增加对问题的认识判断与理解，调动学生参与积极性的作用，同时为活动小结做好铺垫。

环节三：活动小结

体育是我们共同的生活，也是我们共同的语言。同学们谈出了自己的心得体会。我们设计这一系列活动的目的是要让大家感受，感受到在足球运动中需要做出充分的准备、需要团队默契、需要技巧、需要拼搏。不仅足球运动如此，体育节上的很多项目皆是如此。振奋人心的体育节结束了，让我们来看看伟大的理工三都做了什么，取得了哪些成绩吧！

（精彩图片展示与成绩回顾，PPT）。

设计意图：参加过体育节活动的同学，从报名那一刻起就是勇气、智慧与力量的代名词，以此环节致敬奋斗过的同学、奉献过的青春、勃发的青年力量。每一位参与过的同学，不管是参赛者还是观众，都曾为此努力付出过，热血沸腾过，这就是生命的色彩。每一项的成功都不轻松，其中有艰险、有侥幸，更有日积月累与临场发挥，以此回顾，为下一环节的分享做铺垫。

环节四：收获共享

像运动健儿一样面对挑战，迎难而上。学习和体育有许多精神的态度都是共通的，下面就有请亲身参与了我们体育节的健将们谈谈他们的感悟。

设计意图：参加过体育节活动的同学，都团结向上奉献力量，在为班级荣誉奋不顾身中实现自我突破，以此总结致敬奋斗过的同学、奉献过的青春、勃发的青年力量，赋予没有参加的同学勇气与力量，更好地投入运动，获得成长与快乐。能驰骋运动场，也能静心当学霸，体育和学习可以实现完美结合。体育运动中我们与对手相遇，更是与自己相逢，与队友相知，让我们将从其中学到的奋勇拼搏、不断向上，咬定青山不放松，坚持到无力再继续的精神放到学习生活中，勇往直前，勇攀高峰。相信，足球场上的亚军会成为学习中的冠军。

季煜坤：告诉大家一个秘密，我是"青山羊"队的领队。这次足球赛我学到了许多。除了团结协助、彼此成就这些团队合作的要素之外，还有个人努力、坚持、经验以及自信的积累。足球场上也是我们生活的一部分，在足球场上学到的也是和学习生活息息相关的。一位著名的足球解说员说过，爱一样事物，爱的是它的精神。刻苦奋斗、坚持不懈，在困境中坚定信念，不向逆境低头。在理工三这个大家庭里，每个同学，都像"青山羊"的每位球员一样，平日里共同努力、一起进步，实现自己的目标。虽然足球赛结束了，我们努力向上的精神还会继续在高中生活里发扬。

周忠磊：这次引体向上拿第一并不是我想要的，破纪录才是我想要的。比赛过程中我因为比第一名多了10多个，心里边就放松了，想着也不可能破纪录，做了24个，胳膊还没做到支撑不住自己就从单杠上跳下来了。所以，我虽然拿了第一名，但并没有拼尽全力，仍有遗憾。

崔士泓：大家好！本次体育节我主要参加的是"校长杯"足球赛。我在这次比赛中收获了很多，作为一个团体竞技项目，足球不同于羽毛球、乒乓球，只靠自己就可以决定胜负。它需要团队合作，也需要个人为团队的牺牲，我们队看起来只是赢了四场球进的决赛，但实际上，我们每次比赛后都会分析，为下一场比赛做准备，甚至意见不一致的时候也会发生争吵，队内所有人都做出了相应牺牲，这才有了我们在每一场比赛上的完美发挥。除了团队精神，竞技场上的拼搏精神也十分重要，最后一场比赛之前我的脚踝有伤，在场上又被临时调到了前锋的位置。

有一项任务是让我拦截对方开门球，我在之前踢野球或者赛前训练的时候从来没有练过这个，第一次站在对方后卫面前的时候，我一点儿都没觉得会把对面的门球拦下来，所以我就只是摆了个拦截的动作，没用力去挡。但是当我看到张汉均把球奋力顶出去的时候，心里很不是滋味，因为这球我不挡，张汉均就得挡，张汉均不挡，钧霖鲍就要挡。如果崔韬都不挡，球就飞门里了。既然我们都是一个团队，都为一个目标努力，那我们每个人都应该尽全力，而不是觉得自己不行就不去做了。所以在第二次面对郑源的时候，我就觉得这球我得拦下来，至少要尽力。然后我就助了下跑，跳起来这么拦，当时什么都没看见，就感觉脚踝被什么东西砸了，再看的时候对面门将已经把球抱住了。所以很多时候其实不是我们不行，而是我们觉得自己不行。以前以为足球是电影，跌宕起伏的情节背后必有精彩的结局。后来才发现足球是生活，欣喜悲痛后都要回归平平淡淡。作为球场上的一员，敢于拼搏、不畏尝试是最基本的要求，我也会把这种好的精神延续到学习上，争取取得进步。希望我说的这些能在学习生活上帮到大家，感谢。

张凯：大家好。我很荣幸在此发言。古希腊哲学家柏拉图曾有言：身体教育和知识教育之间必须保持平衡。体育应造就体格健壮的勇士，并且使健全的精神寓于健全的体格。体育的重要性由此可见一斑。奥林匹克定义的体育精神是更高、更快、更强的拼搏进取精神。所谓拼搏，就是尽最大力量去争取，在体育锻炼时，我们是否做到拼搏了呢？就我个人而言，我会试图在体能课跑步的规定之外多跑一两圈；我会在晚上回到宿舍后进行适当的体育锻炼。也正是这样日积月累的拼搏，我才能够在俯卧撑比赛中脱颖而出。体育如此，学习亦然。我们在学习中也应发扬这种精神，胼手胝足，终日乾乾，遇到挫折时尽力克服困难，取得进步时淡然接受，做到宠辱不惊，欣然前行。最后，祝愿大家在学习上取得长足进步，同时不忘健强自己体魄，适当进行体育锻炼。

环节五：教师总结

教书多年，我们见过拿过全国冠军的足球学霸，他说坚持是学习和踢球的共通点；见过处于年级前 10 的篮球后卫，他说学习和体育就是劳逸结合；见过很多顶尖的优秀学子学习与体育运动样样优秀。很幸运我们是在这样一个优秀的集体中成长，可以有着文明的精神、野蛮的体魄，身心健康成长。希望大家不忘体育节中拼搏奋进的精神，也不忘团结偕行的品质，让我们学习上也能"更快、更高、更强、更团结"，坚定信念、超越自我。

设计意图：给予体育好的孩子信心、学习好的孩子提醒，体育与学习并不是相生相克的关系，而是相辅相成的。学生在体育锻炼当中享受乐趣、增强体质、健全人格、磨炼意志，在学习中发现自我价值、实现自我，发现自己的优势，明白自己的弱点，才能不忘初心，找到前进的方向。

五、班会反思

（1）让学生亲自参与，容易激发学生兴趣，提高参与热情。

（2）利用学生经历的事件，更能引发学生的思考与比较，比纯粹讲道理有效得多。

（3）问题的设计要环环相扣、层层深入，要有触动灵魂的思考。

（4）注重学生自身体验，由人及己，结合同学的间接经验，更能引发触动和思考，继而转化为行动。

（5）关注事件，更要关心成长，从成长的角度看问题，引领学生发现自身的精神力量，激发内驱力。

过往已矣，未来可期

——2019 外语 MT 开学加油班会

山东省青岛第二中学　于静

一、背景分析

（一）学情分析

高一军训过后，2019 级外语 MT 的同学们要开始真正的高中生活，如何指导学生认识高中生活，过好高中生活，在高中能够开心、扎实、有收获地度过三年呢？学生们需要指导，需要有对自我的认知，需要有自己的打算。在军训结束开学伊始，召开此班会，希望学生们能从高中学习的第一天稳扎稳打，不负时光。

（二）主题解析

高一学生对于高中生活是迷茫的，有的认为初中三年太辛苦，高中需要先放松一下，二中眼花缭乱的社团和选修课会让他们无从下手，众多有难度、有挑战的学业课程会让一些同学出现畏难情绪。所以，高中伊始，为学生做好铺垫，让他们在接下来的高中生活中学会选择、有的放矢是一件十分必要的工作。

二、班会目标

（1）认知目标：全新的高中生活是每个学生都期盼的，作为一个合格的高中生，需要做好准备应对繁重的课业、多彩的课余生活、崭新的人际关系。

（2）情感目标：通过班会能够对高中生活充满信心，在学习上、心理上做好充足准备。

（3）行为目标：对照自己最初的目标和想法，做好新学期的长期目标规划和短期目标规划以及行为措施。

三、班会准备

（一）学生准备：

（1）思考自己的长期目标和短期目标；

（2）新学期的打算。

（二）教师准备：

（1）军训视频；

（2）班会 PPT。

四、班会过程

环节一：导语及暖场视频

（一）导语

自我们相识之日起，已经一个多月了。我们从 8 月初的团建开始彼此了解，还在暑期共同经历了三天的英语阅读与写作的学习，刚刚过去的一周我们度过了难忘的军训时光。在军训中，同学们克服困难、奋勇争先，夺得红旗大满贯。在我们彼此了解、熟悉的过程中，我们也达成了共识：2019 外语 MT 是一个团结向上、永不服输的团队。虽然我们在一些问题上会持有不同的观点和态度，那是因为我们是一个个鲜活的个体，但我们在一次次历练中学会合作、学会解决问题。过往美好，我们可追忆；未来璀璨，我们更要追逐。

（二）视频暖场

8月的烈日阻碍不了我们想要相识的热情，在沙滩上，我们举行了火热的团建活动；在活动中，同学们相识相知，携手完成各个项目；在餐厅里，同学们展现各自才华，让彼此更加熟知。

军训里的欢声和笑语、鼓励和打气，时时充盈我们的脑海。每个人的笑脸就是最好的印证，虽然艰苦，虽然疲惫，但我们时常对彼此说"加油"，一个集体的形成，就在这点点滴滴的日常生活中逐渐强大。

设计意图：通过视频回放调动起同学们的热情和激情，在观看视频的同时，回想全班同学一起度过的难忘时光和自己的成长。

环节二：分享感受

教师：看完视频，大家是不是感慨万千啊！从彼此陌生的个体，到现在可以凝聚在一起做大事的团体，我们经历了很多。有没有同学愿意分享一下自己的感受呢？

学生A：军训让我成长了不少，我学会了整理内务，学会了和宿舍的小伙伴友好相处。从前在家一个人一个房间，到现在8个人一个宿舍，我感受到了集体的温暖。当我们早晨不想起床的时候，舍长会负责地一个一个把我们叫起来；当有人累极了不想去吃饭的时候，我们的舍员们会帮他打饭。我喜欢这种生活。

学生B：在军训期间，老师要求我们比规定时间早到5分钟，我觉得这个习惯特别好。在我以后的学习中，我也要坚持这个习惯，这样做什么事情都会很从容。

学生C：我觉得一个良好的集体需要大家共同的努力和配合，我们军训夺得了 5 面锦旗，充分说明了我们是个团结的集体。我们会在以后的学习生活中像军训一样努力，在各个方面都走在前列。

学生 D：在团建时，我发现每个同学都有特长也都有个性，但是我们磨合得非常好，希望在接下来的学习中我们都能够相互学习、取长补短。

教师：正如视频最后一句话所说：这是漫漫长征第一步。我们的高中生活才刚刚开始。虽然我们在军训中夺得了 5 面锦旗，但实际上我们做得并不完美，尤其在宿舍和纪律方面都有很大的进步空间。我们应该把这 5 面旗看作对我们的激励，让我们外语团队在今后的三年越来越优秀。

设计意图：通过大家的相互交流，让同学们回忆自己一周前的高光时刻，对接下来的高中生活充满信心和斗志。

环节三：教师引导谈规划和打算

教师：接下来的班会内容分为三大板块。分别为：

What do you want to be?（你想成为一个什么样的人？）

What quality do you need?（你需要具备什么样的素质？）

How can you achieve it?（你如何实现你的梦想？）

首先进行第一个板块：

我们自己思考一下：我有梦想吗？我知道我将来要成为一个什么样的人，从事什么样的职业吗？我对自己有规划吗？

（学生们陷入沉思，有的会心一笑，仿佛问题问到了他的心坎；有的仍一脸迷茫，不知道要从哪里思考。）

教师：大家可以相互交流一下，相互聊聊自己的梦想或者打算。

学生 A：我对自己有长期规划，我喜欢戏剧表演，我希望能去英国的大学学戏剧。因此我要在高中期间做很多相关的准备。

学生 B：我喜欢语言，我希望能考到语言学院学习小语种。

学生 C：我是体育生，我以后要通过特长考一所好的大学，至于哪所学校，要看我的训练成绩和学习成绩。

学生 D：我没有规划。我只想在高中阶段尽自己所能把学习成绩提高到我的最高水平。

教师：俗话说，凡事预则立，不预则废。这充分说明，一个有成就的人，必须对自己有了解，对自己有规划，并且在过程中要不怕困难，想办法克服困难，这样才能取得最终的成就。所以我们要从现在起，多方面了解自己，有规划，有目标，而不能走一步看一步。哪怕目前没有非常清晰的远期规划，也要做好近期一年、半年、一个月，甚至每一天的计划。有没有同学愿意分享一下你所了解的历史名人或者身边的人有无规划和计划的差别呢？

（同学们通过自己的举例，深深意识到了有规划和计划的重要性和必要性）

教师：我给大家举个身边的例子。有一名同学，他的目标是北大。他和家长一起对考取北大需要除成绩外还需要哪些素质或者要求做了调查研究。在整个高中阶段，他为了这一目标在各个方面完善自己、做好充足准备。例如，参加辩论队，获得国际国内各项奖项，参加北大培文杯作文大赛、新概念全国作文大赛等，最终凭着优异的成绩和艺术特长加分顺利考取北大。

所以，大家需要花时间想想自己以后要成为一个什么样的人，三年后要去一个什么样的学校。这样你的高中生活才会充实，你也不会因一时的失利而沮丧，因为你有一个最终目标在指引你。

设计意图：通过这一环节，教师可以了解班里有多少学生对于自己有清楚的了解和明确的规划，同时，让同学们意识到有清晰的认识和目标对于自己行动的指引是多么重要。

第二个板块：高中阶段我们需要培养自己的哪些素质？

教师：高中三年瞬时即过，在你还没来得及回味的时候，一年又一年就这么悄悄逝去。因此，我们要珍惜每一天，珍惜每一节课，珍惜每一次你参与的活动，希望它们能给你带来无尽的收获。这三年里，你希望自己在哪些方面有所提高呢？现在我给大家发一些贴纸，你们把想好的内容写在贴纸上，然后贴到黑板上，向大家介绍为什么需要这些素质。

学生四人一组讨论。

教师：综合大家的讨论，我也对大家有五点要求：

（1）做人的基本素质。大家要有敬畏之心：敬畏苍天，敬畏自然，敬畏先贤。敬畏之心长存，就不会妄自尊大，目中无人。大家还要有爱心——博爱，不自私。

（2）要有终身学习的意识。要记住我们的教育理念——造就终身发展之生命主体，在高中阶段学会如何学习。

（3）要有正确的价值观、人生观。这也是习近平总书记说的"扣好人生第一粒扣子"，成为一个有益于社会、有益于人民的人。

（4）要有良好的身体素质，上好每一天的体育课。

（5）要学会科学的学习方法。不盲从、不急躁、不过分攀比。

第三个板块：如何实现你的梦想？

教师：在大家分享之前，我想先给大家分享一下我学习游泳的心路历程，以及在这个过程中悟出的一些道理。

最开始学习游泳的时候是在十几年前，因为呛过几口水，就有了畏难情绪，没有再学下去。直到2019年初学校的游泳馆开馆，几位老师相互鼓励去学习游泳，我这才有了动力（motivation），接着开始行动（action）起来，买游泳装备，跟教练学习，然后自己也抽空不断练习（practise），在练习的过程中，教练不时地指导和纠正（proper and accurate instruction），自己也在不断反思（self-reflection），并且坚定决心（determination）学会、学好。学会之后，再通过反复练习让自己熟悉动作，要有可持续发展的学习能力（sustaining power）。学习的过程同样如此。

所以，当你想开始做一件事并且希望能够成功时，大家能记住以上这些单词的含义并坚持去做：

motivation：有动力

action: 有行动

practice: 不断练习

proper and accurate instruction: 正确、精准的指导

self-reflection: 自我反思

determination: 意志力

sustaining power: 持久力

最后，再送给大家两句话：

Survivability depends upon adaptability:（可持续性取决于适应性。）

Change, indeed, is painful, yet ever needful:（事实上，改变是痛苦的，但永远都是必要的。）

五、班会反思

本次班会是学生进入高中正式学习的第一次班会，目的是让学生从学期初对自己有一定的认知和规划。从学生讨论中，可以看出，大部分学生对自己没有规划，学习还处于一种被动的状态。如何把"要我学"变成"我要学"和"要学好"，如何正确对待高中生活，我希望从开学第一天就让他们去思考。在青岛二中这个大环境下，我希望他们学会选择、学会取舍，有意识、有目标地度过这三年。经过这次班会后，大部分同学已经开始主动"认识"自己，与自己交朋友，为自己做规划。当然，一次班会并不能解决所有的问题，依然有同学过着"随意"的生活。所以，班主任仍然要在后续的班会中可续性地加强引领和指导。

"归来，为了梦想"主题班会

山东省青岛第二中学　王梓民

一、背景分析

（一）学情分析

2020 年 5 月将尽，第一波战"疫"已到尾声，在这春暖花开之日，青岛市高中非毕业年级学生在 5 月 20 日迎来了翘盼已久的返校日。高二学生也经历了 126 天的超长"假期"。居家学习过程中虽然老师一直线上跟进，但没有学校的氛围，同学们到底过得怎样呢？对于距离高考仅还有一年的高二学生，重返校园后，如何尽快适应并找到更好的状态投入到学习呢？带着这些问题，对带着疫情的洗礼回到校园的他们来说，返校这一天的班会就更加充满仪式感，也对这个特殊的新学期有着不一样的意义。

（二）主题解析

"归来，为了梦想"这一团会主题既从属于"奋斗"，亦属于"总结"和展望。总结自己在第一次经历不一样的线上学习时的得与失，总结疫情中自己的领悟与成长，也在奋斗中展望，尽快收心，回归到正常节奏的校园生活中,制订明确的学习计划,为即将到来的高三铺好路,垫好基,做好充分准备。回校正值"5·20",是一个充满爱与希望的日子,在这样的一天开展一次充满仪式感的返校主题班会,有其特殊的意义和重要性。

二、班会目标

(1)认知目标:抓住疫情这一关键节点的德育契机,让学生根据自己的所见所闻,在交流中更加自主地总结自己疫情期间的成长感悟,成为自我发展的内驱力。

(2)情感目标:为疫情后重返校园的学生带来最温馨的"家"的体验,凝聚班级力量,对疫情中的成长与变化有更多的情感共鸣。

(3)行为目标:反思居家学习中的得与失,树立明确的奋斗目标,找寻到前进的动力,为即将到来的高三打好基础。

三、班会准备

(一)学生准备

(1)线上召开班委会,班长、团支书牵头准备"疫情中的成长"主题演讲并制作PPT;

(2)线上布置学习,学习委员联系各学习小组组长,总结汇报"居家学习"中的优点和不足,传授"锦囊妙计";

(3)布置班里每一位同学制作新学期Flag卡片,写下自我激励、展望未来的话语,拍照上传,并将原版于开学当天带回。要求全体学生穿团服返校。

(二)教师准备

提前布置并收集班委及学习小组组长准备好的PPT和汇报材料,做好汇总，返校前一天做好教室布置、心愿墙设计和板报设计等，准备好课件。

四、班会过程

环节一：开场语，导入主题

返校这一天刚好是 5 月 20 日，也是传统节气中的"小满"，这让返校日多了些温情和哲思。

班主任老师以欧阳修的《小满》开场：

"夜莺啼绿柳，皓月醒长空。最爱垄头麦，迎风笑落红。""5·20"是一个充满爱与希望的温馨浪漫的日子，"小满"也代表着自然界开始了丰满茂盛的生命期，在中国传统文化中，"小满"也代表着人生一种宽容的胸怀和大度的智慧，是幸福的最佳状态。这样美好的一天，能与同学们说上一句"欢迎回家"是多么幸福的一件事情。在时隔 126 天后的再相聚，也有了几分特殊的意义，预示着我们的团队、团队中的每一个人都会有全新的更加美好的开始。今天，让我们珍惜相聚的时光，来分享疫情中走过的点滴，总结居家学习的得失，开启崭新的一页！

设计意图：用"520"数字上的独特含义和"小满"节气中蕴含的美好哲理引入，调动现场气氛，也引发学生对这一天更多的思考和心灵感悟，给予此次返校不同的意义和仪式感。

环节二："我们经历了什么"

班主任抛出以下问题，供同学们思考和交流。

2020 年春节伊始，新冠肺炎的阴霾笼罩全国。居家隔离，疫情防控，你是否也有过恐慌？疫情中的各种数字、各种声音，你是否也徘徊动摇？126 天（寒假＋居家学习）的超长"假期"，你经历了怎样的心理波动？

日日盼望的开学信息突然来袭，加之返校考试，你是怎样的心情？

以这些问题为基础，同学们前后四人以小组进行讨论分享，在交流中诉说120多天的思念。导师随机加入各小组讨论中，了解学生的经历，了解学生内心的想法。

设计意图：4个月没有见面，同学们之间有很多话想说，借疫情中与他们关系最密切的话题打开"话匣"，促进彼此理解。对一个相对"内敛""沉稳"的班级，四人小组的讨论交流也会更利于让班会现场的氛围暖起来。这些问题的交流讨论为接下来更深层次的讨论打好基础。

环节三："我们领悟了什么"

班长与团支书主持，派学生代表结合疫情中感触最深的图片，与同学们一同回顾疫情中不平凡的一段路：

谁承想，1月16日一别，下次相见竟远在126天之后；谁承想，不到半年的时光里，我们见证了如此之多：石油倒贴、美股五次熔断、百万人被感染、经济停摆、城市封城、航线停运，以及我们自己的停课不停学、穿着短袖的'寒假'。终于，复课在同学们的期待下降临，也就意味着我们的生活走上了正轨。借此时机，我们不妨回过头来，细细斟酌疫情期间的事件，从中吸取经验和教训，重整旗鼓，谋划崭新的未来。

班长的开场白之后，由班长和团支书带领相关同学以疫情中的经典图片为"忆点"，一起总结了疫情中的先进事迹和动人瞬间，并进一步分享了当代中学生应当具备的情怀和担当，在疫情中以国内外的系列对比说明身为中国人的自豪，最后落到对生命意义和价值的感悟上，层层深入。生动的讲解，配合PPT中动人的画面一起，让在场的每一位同学感慨颇深。

导师在班委们精彩的演讲结束后进行总结，并对在座每一位同学提出希望。导师借近期非常火爆的宣传片《后浪》与学生一起分析"后浪"的内涵，"后浪"应是澎湃的、奋进的。并不是每一个青年都会成为"后浪"，如若在该奋斗的年龄不奋斗，就可能成为被早早淘去的泥沙。愿每一个青年都在奋进中先成为一朵浪花，当我们手拉手在一起，就可能汇聚成浪、澎湃成潮。

紧接着，导师结合同学们刚才在疫情中的分享，分析青年现在面对各种信息，面对善与恶交织的现实，应有怎样的状态来面对生活。最后用鲁迅在《热风·随感录》中送给青年的话来引发学生对责任和担当更进一步的思考："愿中国青年都摆脱冷气，只是向上走，不必听自暴自弃者的说话。能做事的做事，能发声的发声。有一分热，发一分光，就令萤火一般；也可以在黑暗里发一点光，不必等候炬火。"愿同学们都成为那一束光，照亮自己，也温暖身边的每一个人，用向上的精神面貌和实干精神改变自己，也赢得未来。

设计意图：在学生的分享感悟中，将疫情中一个个"点"连接起来，让学生去领悟现象背后的精神品质，去追寻那些最有价值、最应该被铭记的东西。一方面，增强民族自豪感和归属感；另一方面，也让学生明确自己在特殊历史时期应担负的责任使命，从而激发其拼搏奋斗、不断学习的原动力和内驱力。

环节四："重返校园，我们该做什么"

（一）校园疫情防控

能够重新回到美丽的校园是多少人奉献付出甚至牺牲换来的，因此，我们应珍惜重返校园的机会，疫情防控，人人有责，担负起我们每个人的防疫职责。这是返校环节的重要一环。

班主任带领同学们观看校园疫情防控视频，并落实相关防疫要求，明确"晨午晚检""通风消毒""错时就餐"等相关要求。

（二）线上线下学习，我们应如何过渡

回归学习主题，导师总结"居家学习"的学习情况，并给予了表扬，指出了存在的问题，给出了新学期尽快实现良好过渡的"三步走"策略：

第一步——自我评估；

第二步——计划制订（针对知识点的计划；时间梳理计划）；

第三步——坚持下去（优秀是一种习惯，卓越是一种品质）。

在此基础上给出了具体可行的建议措施，如"消除焦虑情绪，进行积极的心理暗示；适当的体育活动，强健体魄，灵动大脑；抓住课堂时间，把握重点难点；多与老师沟通，对居家学习扫除'盲点'；制订翔实的周计划、日计划，每日清，增强信心；一步一个脚印，不在意一时得失，持之以恒"等。紧接着，在学习部的策划下，学习委员与几位学生代表结合自身经历给予同学们各学科的线上线下衔接建议和行之有效的学习方法。

设计意图：重返校园，要将疫情防控常态化，因此要在返校之初重点强调校园疫情防控的具体要求，引起学生的重视。而返校生活最关键的一环，就是以更好的状态投入学习生活中。如何实现线上线下学习的平稳过渡，尽快适应校园生活并不断提升，需要老师的梳理，更需要学生自主的激发和榜样的引领。此环节通过班主任和学生代表从各个角度给予学习建议和要求，让学生有更明确的方法指导。

环节五："我们的新学期 Flag"

班会进入最后的梦想激励环节，导师通过 PPT 展示了部分同学的新学期 Flag 卡片，找原作者阅读并分享，谈出对自己的要求和对未来的期许。最后，每一位同学将自己的卡片亲手粘贴到班级的心愿墙上。

导师最后总结："经历不凡，成就非凡！2020 年的每一天都是崭新的。我们走过、爱过、拼搏过。愿我们一起以梦为马，不负韶华，为梦想的实现拼尽全力！"

设计意图：通过让学生书写自己的新学期目标，与同学们分享，并最终一一粘贴到班级的心愿墙，让今天的班会在充满仪式感的活动中收尾，并激发学生学习的动力和对未来美好的期许。全新的开始，以最好的状态重新起航。

五、班会反思

此次班会设计进行了会前充分的各方面的准备，既有导师、班干部、学生代表的全程准备与参与，也让每一位同学在会前充足的自我准备中实现了班会现场更好的互动、体会和融合。环节设计上环环相扣，以学生正在经历的感触最深的事件热点等切入，容易让学生引发共鸣，实现了很好的德育效果。新学期 Flag 卡片展示活动，也让学生在亲手贴片的同时将梦想和动力驻入心间。因此，一次成功的班会，需要充足的会前准备，需要让更多学生乃至全体学生参与到班会的准备和实施过程中，需要班主任与学生的共情和互动。此次班会也有遗憾，如环节设计过多，每个环节的时间，特别是学生主持活动的时间掌握不到位，致使班会时间超时。以后要更好地做好统筹和规划，让班会在规定时长内起到更好的、更深远的作用。不断努力，不断求索！

第三章

天生我材必有用——"健康心理"主题班会

直面压力，向阳而生

山东省青岛第二中学　付丽娟

一、背景分析

（一）学情分析

青岛二中一直秉承"造就终身发展之生命主体"的教育理念，高一、高二阶段赋予学生充分展示自我、发展自我、成就自我的空间。当高三来临，学生专注于学习，为高考文化课的考试准备。在此阶段，需要极大的毅力和韧性，学生会有因学习压力过大出现动力不足、焦虑不安、自信心下降、不良生理反应加剧、人际关系紧张等常规性问题。因此，在高三开始一个月之后，缓解学生的学习压力，使其情绪稳定、增强学习信心，锻造学生强大的抗压能力，将成为班主任力求达到的目标。

（二）主题解析

成长是跋山涉水的过程，在此过程中面对着许许多多的未知，既让人感受到刺激，也让人感受到压力倍增。直面压力，是成长中的学生必须学会正确面对的事情。在高考这一场残酷的竞赛中，直面压力，学会释放压力，保持心理平衡至关重要。与他人学习成绩的比拼，究其根本，是学生个体不断超越自我的过程，在这期间，学生的责任感、自控力、专注力、勇气和自信心等对成长极有价值的品质的塑造才是这场竞赛的根本所在。为成绩而成绩，只能深陷成绩的泥潭，无法获得前进的动力与成长的力量；而在争取成绩的过程中，关注自我意识、自我理想信念，直面压力，发现自我，才能在追逐奔跑过程中迸发出惊人能量，从而接纳在反思中不断成长的自己。

二、班会目标

（1）认知目标：通过梳理学习生活中存在的压力，使学生了解压力，认识压力，学习抗压方法。

（2）情感目标：学习自我悦纳、自我满足，反思自己日常的不足，在认同压力存在的同时奋勇向前。

（3）行为目标：对比自己在生活中对待压力在态度、方法和行动上的不足，树立信心重新出发。

三、班会准备

（一）学生准备

（1）全体学生填写《高三学生心理压力调查问卷》。

（2）由四位同学准备情景剧。

（3）由个别学生完成"心理压力给人带来的影响"材料收集及梳理。

（二）教师准备

（1）准备《高三学生心理压力调查问卷》，根据调查问卷结果制作PPT。

（2）准备《向日葵的成长过程》视频，视频剪辑《缓解压力的方法》。

（3）准备抗压小游戏。

四、班会过程

环节一：视频导入

导语：向阳而生，压力仍存

（播放视频《向日葵的成长过程》）

如今，步入高三，同学们如一株株已经开花的向日葵，都认识到这已经到了结果实的关键时期，时间紧迫，刻不容缓。根据刚才的视频，请大家想一想：除了充足的阳光之外，一株向日葵还需要什么神秘的力量，才能够结出颗粒饱满的瓜子呢？而对现在的我们而言，哪些因素会影响我们高三生结出饱满的果实呢？

预设回答：

向日葵还需要空气、水、养分、自身积极向上的力量等外在的因素与内在的因素。影响高三学生结出饱满果实的也是外在、内在等多种因素。

设计意图：用朝气蓬勃的向日葵设计开放性问题，引导学生关注成长中的诸多要素都能为成长提供能量，关注这些影响学生达成"结果"的种种因素，往往会给学生带来极大的压力，以视频与互动的方式起到活跃气氛、调动学生参与积极性的作用，为在一个环节中理解压力做好准备。

环节二：直面压力

展示《高三学生心理压力调查问卷》调查问卷结果，情景剧展示与小组展示结合，聚焦压力。

1. 展示《高三学生心理压力调查问卷》调查问卷结果。

2. 问：结合上面的问卷调查结果的图表，通过一个事件或者具体场景，说说你感受到的压力。

设计意图：通过学生对具体时间或场景的表述，使学生感受到压力具体出现的场景各有不同，但不管是学习上的还是人际关系上的压力，都来自对现状的不满，也就是当前的生活不舒服，从而正确认识压力。

3. 情景剧展示

情景剧一：A 和 B 一起在体育课上作为队友，参加了足球赛，配合默契，得到了全场的喝彩。体育课结束之后，A 与 B 一起回到教室。这时，A 拍着 B 的肩膀，友好地对 B 说：你的数学考了 130 啊。这时，B 的反应（B 同学静止）。

情景剧二：C 和 D 之前在体育课上刚因足球赛产生过争执，体育课结束之后，C 与 D 一起回到教室。这时，C 拍了一下 D，说：嗨！你的数学考了 130 啊。这时，D 的反应（D 同学静止）。

现场同学猜测 B 同学和 D 同学的反应。

预计反应：B 同学对自己的成绩，痛快回应（或许说考砸了，或许随意谈笑，满不在乎），并问 A 同学的考试情况。B 同学与 A 同学讨论数学题中的难题或者其他学科的学习情况。B 同学心情舒畅。

D 同学若本身成绩很好，130 是考砸之后的分数，听到刚与之产生过摩擦的 C 同学说自己不如意的成绩，则会横眉冷对 C 同学，同时感觉受到了嘲讽，心理压力很大。D 同学若 130 是超常发挥或正常发挥的程度，则在听到刚与之产生过摩擦的 C 同学说过成绩之后，有可能因拿不准 C 同学要表达恭喜还是质疑、奚落而感受到很大压力。

提问：这个场景中的什么要素对 B 的反应会发生作用呢？

设计意图：通过情景剧的展示，还原生活场景。在场景转换中，使学生意识到，压力是生活的一部分，只是我们会因不同的情景、不同的心理状态，感受到的压力强度有所不同。人与人的关系是我们能否感受到的压力大小的重要因素。我们需要一定的压力，适度的压力也就是中等强度的压力，才是良性的压力，能够有助于我们正确处理由其伴生的多种关系，有助于我们发挥出最大的潜能。而过度的压力会阻碍 1 思考，影响心智功能。介绍心理学研究成果中的压力与表现曲线（见图1）。

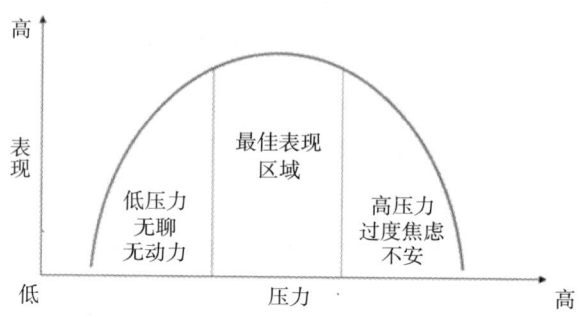

图1 压力与表现曲线

4．学生展示：聚焦压力，压力的影响与危害呢？

学生以知识讲解、视频展示等多种形式展示权威调查得出的压力，对生理、心理、人际关系等多方面的影响。

压力过大容易精神抑郁，变成悲观主义者。长期处于高度紧张的压力状态下，会让我们越来越烦躁，感觉事事不顺心，产生挫败感。我们会一直被消极的情绪所萦绕，造成情绪失控，无法控制自己，直到身心俱疲，患上抑郁症，甚至产生轻生的念头走向死亡。

压力过大容易造成饮食失调，营养不均。一直处于较大压力中的人，往往有折磨自己的倾向。有的暴饮暴食，自暴自弃，有的会食欲不振，对周围的人或事物失去兴趣，还有的会直接出现恶心干呕、头疼发烧、腹泻腹痛等不良生理反应。

导致免疫力下降，疾病丛生。长期处于过大的心理压力下，我们身体的免疫系统会产生负面影响，免疫系统遭到破坏，免疫力下降。一旦我们的免疫力下降，外界的病毒病菌就容易入侵我们的身体，产生各种疾病。

当身体处于压力之下，会激活大脑中的下丘脑部-垂体-肾上腺轴（HPA轴）系统。HPA轴负责调节全身的各种激素水平，其中包括主要与压力相关的激素——皮质醇。皮质醇的名声有时不太好，但它也有一些积极作用。例如，皮质醇在早上会升高，晚上会降低，这样才能保证我们身体根据自然的节奏稳定运行。另外，皮质醇还可以通过胰岛素的释放在免疫功能和维持血糖水平方面发挥重要作用。在紧急情况下，它成为我们"战斗"或"逃跑"反应的核心部分，甚至可以给我们提供快速爆发的能量，同时降低我们对疼痛的敏感度。

不过，皮质醇并非都是有益的。在压力下，皮质醇持续升高，可能会出现多种疾病。例如，长期处于高皮质醇水平下会导致血压升高、认知能力受损、血糖失衡、伤口愈合减慢，甚至腹部脂肪堆积。综合起来，这些反应会提高患心脏病和中风的风险。因此，长期处于压力之下是一个生死攸关的问题。

了解皮质醇与压力之间关系的另一个关键点是，皮质醇水平因人而异。正如不同的人在压力下有不同的外在反应一样，我们的身体也会分泌不同水平的皮质醇，这种变化被称为应激敏感性。在相同的情况下，一个人可能会比另一个人分泌更多的皮质醇，这取决于他们各自的应激敏感性。因此，如果我们不想自己受到长期压力的危害，那么了解自己的压力承受能力就非常重要。

设计意图：通过小组介绍压力与生理、心理、人际关系等方面的影响，深入了解压力过度的危害，有助于引起学生的警惕，让学生更好地学习释放压力、缓解焦虑的方法技巧，从而为下一环节做好准备。

环节三：学习共处

学习与压力共处之道，缓解焦虑情绪，释放压力。

小组讨论：当今社会的各行各业中竞争日益激烈。在刚刚过去的全运会中，我们能够透过屏幕感受到选手们在承受着巨大的压力参赛；在家中，我们能够从父母的言行中感受到他们在生活工作中的压力；在学校，身边的同学以及我们自己也是"压力山大"啊！你能谈谈你观察到的，或者亲身体会到的缓解压力的好办法吗？请每小组推举一名代表回答。

教师补充：视频剪辑《缓解压力的方法》。

设计意图：人人都有压力，缓解压力对每个人而言都是生活健康幸福的必备技能。通过小组讨论集思广益、参考借鉴、汲取经验。老师补充总结。

环节四：学以致用

将压力释放的方法用到现实情景中。

1. 游戏环节

"今天你要唱什么歌？"

随着越来越多要记的东西，尝试缓解压力，关注过程。

【游戏方法】

（1）选定一组，从第一个人开始说"今天我要唱一首 AA（AA 为一首歌的名字）"。

（2）接着第二个人接着说，今天我要唱一首 AA，再唱一首 BB（BB 为不同于 AA 的歌名）。

（3）像这样一直传下去，每传一个人就必须重复前面所有的歌名，另加一个新的歌名。

（4）一直到有人讲错出局。

2. 问：大家回想刚才的游戏，你在参与的过程中对缓解压力、关注过程有着怎样的认识？

设计意图：记忆，特别是万众瞩目下的瞬时记忆，需要将注意力集中在游戏过程之中，排除压力，排除外界干扰。本环节以现场游戏增强学生自身的体验感，现场感受压力的诞生，运用方法缓解压力的过程。这个游戏设计回归学生本身，立足当下、立足自身，与压力和平共处，是完全可以做到的事情。直面压力，向阳而生。

五、班会反思

（1）联系学生自身的困境，容易激发学生兴趣，提高参与热情。

（2）利用身边的人物事例，比纯粹讲道理有效得多。

（3）问题的设计要环环相扣、层层深入，要有触动灵魂的思考。

（4）注重学生自身体验，由人及己，更能引发触动和思考，继而转化为行动。

（5）有效利用视频、情景展示、调查问卷、游戏等形式会让班会内容丰富、有感染力，课前调查的任务布置能帮助学生更深入地理解思考。

（6）班会的持续效力会随着时间推移而转弱，要继续利用不同时机及时点拨学生运用方法缓解压力。

高三，别那么焦虑

山东省青岛第一中学　薄正

一、班会背景

（一）学情分析

进入高三以来，班里学生在学习主动性和行为自律性上都有了进一步的提高。即使是从前个性张扬的"皮蛋"，也收起了性子，学生常规表现更加有序。但在近期，却接连爆发两起同学冲突。第一次是一女生将同桌心爱的水杯碰到地上，两人吵了起来。第二次是一学生因自己摆在地上的学案被人踩了，大发雷霆。高二的时候，班里同学从来没有因为什么事公开吵起来过，而刚上高三，两件鸡毛蒜皮的小事却有愈演愈烈的趋势。事件虽然很快平息，当事人也后悔当初的不理智，完成了和解，幕后黑手也逐渐浮出水面。"焦虑"，这个困扰过无数高三学子的家伙，终于和我们"面对面"了。本次班会恰逢年级组织心理团建活动。在协同心理老师完成班级团建后，趁热打铁，召开此次班会。

（二）主题解析

"高三"，本身就是一个极具压力色彩的词汇。沉重的压力容易引发学生过度焦虑的情绪,造成心态波动,影响正常学习,甚至导致同学矛盾。因此,在高三背景下召开心理班会,营造"内紧外松"环境,能够帮助学生稳定心态,提高学习效率,促进班级的平稳运行。

二、班会目标

（1）认知目标:利用团建活动缓解学生焦虑情绪,学会如何看待焦虑,克服焦虑,化焦虑为动力,提升学习积极性。

（2）情感目标:培养自身正视困难与焦虑的勇气,通过调整心态,应对高三的挑战。

（3）行为目标:能够针对自身问题进行归因分析,提出改善措施并予以实施,从焦虑的旋涡中跳出来。在班会活动中继续渗透学习理念的教育,要求学生既能"动",还要知道"因何而动"。

三、课前准备

（一）学生准备

（1）完成问卷调查。

（2）自组小组,完成研究任务。

（二）教师准备

（1）开展问卷调查,分析学生焦虑的来源。

（2）根据问卷结果,分派小组研究任务。

（3）联合心理老师,设计心理团建活动。

四、班会过程

（一）课前准备

1. 问题统计与分析

问题：

（1）目前你焦虑吗？具体表现在哪些方面？

（2）焦虑是否影响了你的生活和学习？

经统计，绝大多数学生或多或少存在些焦虑情绪，且大部分目前可控。从焦虑来源上看，主要表现在以下三个方面：

一是成绩焦虑。有些同学强烈后悔之前荒废学业的行为，特别是对疫情期间网课的表现追悔莫及。也有些平时挺努力但成绩一直不太突出的同学，对自己的成绩及学习能力深感担忧。

二是作业焦虑。高二期间，一直在给学生渗透"少刷题，勤复习"的学习模式，学生逐渐认同了这一理念。但到了高三，有不少学生抱怨，每天都是写不完的作业，自己列出的复习计划没有时间落实，错题也没有时间回顾。如果挑灯夜战，影响到晚上休息，第二天又难以保证上课状态，不知所措，感到很苦恼。

三是对未来不确定性的担忧。随着墙上的倒计时数字的减少，学生压力越来越大，对自己目前努力能否提升成绩、将来能否进入理想院校等问题心存忧虑，特别是考试前后容易心神不宁，学习效率降低。这些压力也会影响考试发挥，成绩不理想又会加重对未来的担忧，陷入恶性循环。

2. 小组任务：应对焦虑的措施

针对调查问卷中反映的问题，分小组从以下三个角度研究应对焦虑的措施。

（1）平时适用的缓解焦虑的方法（比如，深呼吸、运动）。

（2）如何进行自我暗示。

（3）行为对心态的影响。

设计意图：通过焦虑话题的问卷调查，了解学生面对焦虑问题的真实情况，收集引发学生焦虑的主要原因，从而确定班会重点，使班会主题更具有针对性。

（二）课堂流程

环节一：心理团建活动

（1）心理状态评估。以打分的形式，根据自己的情况站到不同的分数队列，让学生了解自己的心理状态和其他人的心理状态，尤其是和自己相同的同学，增加认同感。

（2）破冰游戏。逢7拍手，所有的同学参与其中，在紧张中感受同伴间的凝聚力。表演环节轻松，缓解游戏的紧张，增进同伴之间的关系。

（3）摸石过河。以小组为单位，按照规则依次进行，最快完成的小组获胜。过程中观察学生的反应，及时鼓励支持，也强调学生把注意力放在小组同学中，不要游离在外。结束后，每组分享过程中的感受。

（4）写给高三的三句话。小组合作，喊出宣言。情感升华，并将彼此的激励带回到接下来的学习中。

设计意图：对自身状态评估后进行分组。通过小游戏解压放松，并增进同组伙伴之间互帮互助意识。在"摸石过河"活动中，突出技巧方法、同伴协作的重要性。最后的"喊出宣言"，既是自身压力的释放，也是鼓舞信心、自我认可的一种方式。

环节二：三种焦虑心态的分析

学生针对问卷中提出的三种焦虑畅所欲言，对形成缘由展开讨论，教师进行总结。

1. 成绩焦虑

分析：成绩焦虑是绝大多数学生会面对的焦虑，一定程度源于学生对目标学校须达到的分数水平不清晰，不知道学校模拟考试要达到多少名才够。特别在选科走班"赋分制"下，小范围赋分误差较大。处于"扎堆"的分数段的学生，10分的分数差距可能就是二三十的名次差。每次考试名次波动较大，使得学生普遍定位不清晰。除客观因素外，成绩焦虑也反映出有些同学对自己能力认识不清，把目标定得过高。

通过分享已往学生案例，学生首先要明确自身目标定位。其次就是要调整目标，跟进行动。将"家长眼中的'我'""老师眼中的'我'""自己眼中的'我'"三个"我"统一起来，这样才能从根本上摆脱成绩焦虑。

2. 作业焦虑

分析：作业焦虑从根本上来讲还属于学习方法的范畴。很多学生从小被教育要"听话"，但对"为什么要听话"思考不足，很容易陷入"为老师写作业"的错误思维中。这一环节剖析了几位有代表性的学生对待作业的做法，供其他同学参考。

有的学生崇尚"作业中心论"，这些学生普遍害怕老师，担心如果没有完成作业，会受到老师责怪，所以只要是老师布置的作业，这些学生一定全力完成。但他们大多成绩一般偏后，因为没有时间完成复习。该复习掌握的东西没有时间做，导致做作业效率低下，为完成作业不得不降低作业质量，形成恶性循环。

还有一些学生按照自己的重视程度做作业。他们整体的作业情况并不算好，自己重视的科目认真完成，有的学科做一部分，有的学科可能来不及做，只能在第二天上课前尽量补。这些学生成绩处于中游甚至偏上，他们会在做作业的同时，完成学科的复习。

有的同学尽可能将时间利用最大化，利用零碎时间写作业，最终完成作业后可能还留有一点时间整合复习。这些学生一般在班级上游或中上游，但是认为自己已经把时间用到极限了，潜力无可挖。他们担心后面的学习压力更大时，自己不能撑住。

通过比较探讨，同学们形成一致意见：应该正视作业的作用，作业是用来复习巩固知识的。作业是学习的手段，而不是目的。当作业完不成时，每一学科就做自己认为最重要的那部分作业，但要保证每一科都要做一些。每天要留有复习的时间。此外，还应该利用好白天的零碎时间趁热打铁，进行复习。

3. 对未来不确定性的担忧

分析：担忧未来的不确定性，是人之常情，不必因自己的担忧影响情绪而焦虑。这点需要老师疏导点拨，也需要遗忘。通过心理团建活动，在游戏中释放压力，跳出焦虑的旋涡，忘记担忧。

设计意图：劝人不焦虑，如果只是说教，很难让被劝者感同身受，工作难以做到位，并且让人有种"站着说话不腰疼"的感觉。在这一环节中，学生畅所欲言，首先让学生感受到"原来不止我是这样想的"，放下心理包袱。然后分享讨论，在聆听他人观念的同时，对比自己的观点，最终形成自己的认识。

环节三：应对焦虑的措施

1. 缓解焦虑的方法

一组同学汇报。带领同学现场做深呼吸，感受心态的平缓。分享跑步、打球后的心情感受，向大家倡导心情不好或焦虑时，可以通过体育活动释放压力。

2. 自我暗示的方法

二组同学汇报。积极正向的自我暗示可以有效缓解焦虑。自我暗示时，要用正向语言，不用"不要……"的句式。比如，如果心中默念"不要焦虑"，注意力将全部集中于"焦虑"上，反而越来越焦虑。如果换为"我要冷静""平和一下情绪"，再配合着深呼吸，就能很快好起来。

3. 积极的行为引发积极的心态

三组同学汇报。介绍理论：行为会影响心态。比如在镜子里摆出微笑的样子，原本不好的心情也会慢慢变好些。因为在行为之后，我们会尽量找到各种理由使其合理化。我们可以应用此原理，通过做一些积极的事，让心情逐渐走出阴霾。

4. 教师引导：理论概念——瓦伦达效应与压力曲线

瓦伦达效应：瓦伦达是美国一个著名的高空走钢索的表演者，他在一次重大的表演中不幸失足身亡。他的妻子事后说，我知道这一次一定要出事，因为他上场前总是不停地说，这次太重要了，不能失败；而以前每次成功的表演，他总想着走钢索这件事本身，而不去管这件事可能带来的一切。心理学家把这种为了达到一种目的总是患得患失的心态命名为"瓦伦达心态"。

焦虑并不完全是坏事，可怕的是跟瓦伦达一样深陷焦虑之中。适度的焦虑可以端正同学们的行为，提升学习效率，就如同压力曲线表达的含义一样。压力过大会陷入瓦伦达效应，压力过小做事容易缺乏动力，只有调整自己处于适度压力下，才有助于进入"心流"状态（见图1）。

设计意图：通过同学范例与亲身体验，学习相关的心理学知识，了解自己容易陷入的误区。只有正视焦虑，才能从根本上克服焦虑。

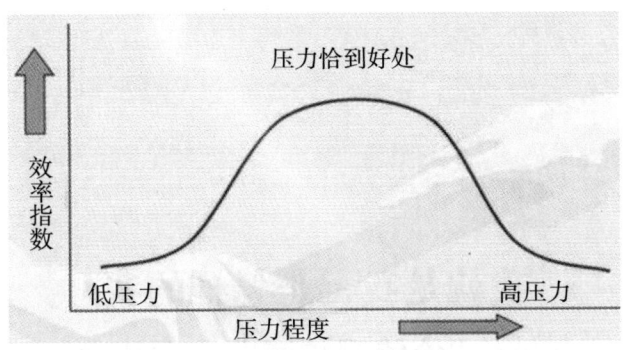

图1 压力与效率相关图

（三）学生总结谈感想

面对焦虑，大多学生从前仅是感觉受其害而烦躁不安，想摆脱却不得法，甚至个别对内心的焦虑产生害怕情绪。通过班会活动，学生终于重新认识内心的焦虑，发现之前避之不及的焦虑"也不过如此"，背负焦虑的"心理包袱"压力小了很多。

五、班会反思

在高三学业压力下，焦虑几乎伴随过每一位同学。本次班会联合心理老师组织的团建活动，旨在缓解焦虑，树立信心。学生通过深度分析自身焦虑产生的原因，先将沉重的包袱放下，然后坦然接受一部分合理的焦虑。通过学习心理学知识，学会今后应对焦虑的小技巧。班会后，学生反馈明显感觉自己的焦虑有所缓解，班里也没再出现突然有学生情绪失控的状况。心理问题，预防为主，后期还应多打"预防针"，为学生提供些有用的心理学理论，防患于未然。有了健康的心态应对焦虑，才是打好"高三保卫战"的关键。

我就是我，是怎样的我
——"价值观拍卖"主题班会

山东省青岛第六十八中学　由艳慧

一、背景分析

（一）学情分析

面对新高考改革下对学生职业选择、生涯规划的更高要求，班主任应该用三年的时间来帮助学生逐步构建起正确的三观及合理的生涯规划。学生刚刚升入高中，十五六岁的年纪，三观将要逐渐形成，但学生对自己的认知或许会存在一些偏差，或许没有停下来认真地思考过这些问题，没有对自己有正向、清楚、恰当的认识。而做好自己的生涯规划前，学生一定要对自己有清晰的认识，这是必要的前提要素。

（二）主题解析

为了帮助学生认识自我，选择了"价值观拍卖"这一主题，重在让学生通过游戏与活动来衡量自己的价值观，通过思考与分享自己的拍卖过程来加深对自我价值观的认知。作为成年人的我们，有时或许还在考量亲情、友情、爱情的轻重主次，还纠结在金钱、权力、欲望的旋涡里。

学生在这个需要目标却又迷茫的年纪里，需要认清自己，树立正确的价值观，遵从内心地确立目标，并一步步努力去实现，或许在成长过程中，这会成为其前进道路上的一盏明灯，指引自己，勿忘本心。

二、班会目标

（1）认知目标：通过写下 10 个评价自己的词语、"兴趣岛选择"及"价值观拍卖"等活动与游戏，让学生在参与过程中思考自己，了解自己，到达由浅层到深层地认识自己的目的。

（2）情感目标：通过各个活动之后的思考与分享环节，让学生学会审视自己，思考自己，与自己对话；并在"价值观拍卖"的活动过程中，体会自己的情感倾向并进行情感权衡。这对青春期或许有叛逆、早恋等倾向的孩子也是很好的反思机会。

（3）行为目标：通过对自己的认识与思考，让学生学会思考与感受自己，并通过与自己对话来认清今后的方向，制定相应的目标，并坚定信念，为之努力。

三、班会准备

（一）学生准备

拍卖用小锤、笔，提前思考对自己的评价。

（二）教师准备

漂亮的卡片、"价值观拍卖"的拍品文档、PPT 等。

四、班会过程

环节一：导语

相信同学们都遇到过一个问题——"亲情、友情、爱情"，你是怎么排序的呢？你有思考过这个问题吗？这个问题的答案是否发生过变化？其实这个问题是在窥探你自己的内心，你真的了解自己吗？你对自己的认识是准确的吗？认识自己是走向生涯的第一步，今天老师和大家一起来探访自己的内心，来深度地认识自己。

环节二：活动——写下 10 个评价自己的词语

（一）活动介绍

同学们是如何看待与评价自己的？请学生找认为能够评价自己的最贴切的 10 个词，写到面前的卡片上。

留给学生思考和记录的时间。

（二）小组分享并进行认同评价

让学生在小组内分享对自己的认识，并请组内同学同意的举手，看看学生对自己的认识与别人对自己的认识是否相同。是别人不够了解自己，还是自己不了解自己呢？

（三）班级范围分享感悟与收获

请学生自愿分享在刚才的活动中有何感悟与收获（见图 1）。

图 1　学生分享活动的感悟和收获

设计意图：写下 10 个自己的活动意图，首先，让学生认识自我，留出时间让学生真正地去思考与评价自己，达到认识自我的目的；其次，分享自己对自己的描述并请其他同学来进行认同不认同的选择，可以让学生开始审视自我，在认识的基础上来审视自我认知是否是妄自菲薄或是自视过高，形成一个对自我认识的修正过程，重新审视并再次认识自己。在这个过程中，可以让学生在认识自己的基础上，知道在哪方面改变自己。

环节三：兴趣岛选择

（一）活动引入

请大家带着对自己的认识随着老师进入一片美丽的海域，在这个海域上有 6 个岛屿，假如让你选择其中一个长期居住，你会选择哪一个岛屿呢？

（二）活动介绍与实施

展示 6 个兴趣岛（见表 1）。

表 1　兴趣岛类别与特色

岛名	岛的特色
A 岛	"美丽浪漫岛"
C 岛	"现代井然岛"
E 岛	"显赫富庶岛"
I 岛	"深思冥想岛"
R 岛	"自然原始岛"
S 岛	"温暖友善岛"

回答下列问题：

（1）如果你必须在 6 个岛之中的一个岛上生活一辈子，成为这里岛民的一员，你第一会选择哪一个岛？

（2）你第二会选择哪一个岛？

（3）你第三会选择哪一个岛？

（4）你打死都不愿意选择哪一个岛？

（三）答案揭晓

A岛"美丽浪漫岛"，你是浪漫乐天派；C岛"现代井然岛"，你向往现代精英；

E岛"显赫富庶岛"，你追求财富奢侈；I岛"深思冥想岛"，你喜欢深入探求；

R岛"自然原始岛"，你向往回归自然；S岛"温暖友善岛"，你追求情感包围。

设计意图：在学生初步认识与审视自己后，让学生在短时间内做出岛屿选择，此结果更能体现其真实的内心选择，在6个岛的选择中能体现学生内心更渴望的部分，是浪漫乐天派，是现代精英，是财富奢侈，是深入探求，是回归自然还是追求情感包围。让学生初步做出判断，在这些比较常见的情感和认知及价值观形态中了解自己，初步形成自我价值观的判断。

环节四："价值观拍卖"

（一）游戏介绍："价值观拍卖"

在我们选择完兴趣岛后，相信很多同学已经对自己的价值观有了初步的了解，下面将我们毕生的时间转化为100万元，来进行一场"价值观拍卖"，拍卖会限时15分钟。

大家每个人都会收到一张拍卖品清单，拍卖会将从第一个拍品开始一直到最后一个拍品结束，每个拍品起价1万元，每次加价至少1000元，可自由加价。

拍卖清单见表2。

表 2　拍卖清单

序号	拍品	成交价格
1	有一个幸福美满的家庭	
2	有一屋子花不完的金钱	
3	健康地活到 100 岁	
4	继续到世界上最棒的学校深造	
5	有三五个知己好友	
6	成为某一领域的知名专家	
7	在海岛上拥有一栋图书馆	
8	有一份稳定的职业	
9	环游世界，收纳新知	
10	成立慈善机构，救助他人	
11	和爱人长长久久、永不分离	
12	享受结交新朋友的乐趣	
13	工作具有挑战性而不单调	
14	成为有名的人	
15	无拘无束自由自在地生活	
16	担任社会声望高的职位来改变社会	
17	可以长时间陪在家人的身边	
18	家人身体健康	
19	成为世界上最美最帅的人	
20	成为世界上最聪明的人	
21	有一颗使人说实话的药丸	
22	完全主宰自己的生活	
23	有充裕的休闲与娱乐的时间，每天都快乐	
24	让世界上的人都以你希望的方式对待他人	

（二）游戏实施

游戏过程中，请同学们做到以下几件事情：

（1）拍卖开始前，通读拍卖清单，思考自己想要的拍品并快速制定策略；

（2）每 8~10 人一组，在小组内选出一名拍卖官，手持拍卖槌主持拍卖会，并进行拍品的归属情况及拍卖价值记录；

（3）每拍到一件拍品，就在拍卖情况一栏记录下你拍下的金额，注意总金额只有 100 万元。

（三）组内讨论环节

拍卖会结束后，请同学们思考并在小组内讨论与分享以下问题：

问题 1：你买到什么，为什么买它？除了它，你本来还想买什么？为什么最终做了现在的这个选择？现在为此后悔吗？

问题 2：你为什么什么也没买？你现在是否想知道自己最想要什么？怎么得到它？

问题 3：拍卖过程中你的心情如何？

（四）班级分享环节

小组讨论结束后，请学生分享以下问题的思考：

问题 1：哪一项是你最想买的？为什么？

问题 2：有没有买到你不想要的？为什么？

问题 3：有没有一样都没有买到的同学？为什么你一样都没有买到？

问题 4：你最想买的"价值观"有没有买到？没有买到的话，为什么？与你的个性是否有关？

问题 5：这 100 万元的本金是如何来的？现实中，每个人的本金会相同吗？如何提高自己的本金呢？

（五）班主任小结

在刚才的拍卖中，看到同学们都兴致勃勃，相信大家心中对自己的认知也逐渐清晰，什么是你愿意花费全部身家去获得的价值观，什么是你后悔没有得到的价值观。我们发现每个人的价值观是不一样的，价值观是没有对错之分的，重要在于是你自己，是你认为最好的自己。在拍卖过程中，有的同学告诉我要是再有 100 万就好了，我们人生的本金是从哪里来的，是从我们的经历、我们的奋斗中来的，只有努力才能掌握人生的主动权！

设计意图：通过价值观拍卖这个环节，学生在拍卖过程中可以认真审视自己的内心选择，并抉择用多少本金来获取，在取舍中逐渐清晰自己最珍重的是什么。在拍卖过后，从拍卖过程中大家最想要的拍品不同而得到第一个结论：每个人的价值观是不同的。在分析自己拍到哪些价值观、没有拍到哪些的过程中，思考没有拍到拍品的原因，思考应该如何去获得自己想要的拍品，得到结论：每个人的时间、精力有限，我们只能在有限的生命中追寻那些我们最想要的东西，而这些东西背后所代表的就是我们认为的最重要的价值观。最后通过提问，每个人的本金相同吗？是如何获得真实本金的呢？让学生体会到人生把握在自己的手上，要付出努力，要有所积累，要提升自己，才能获得更多的"人生本金"。在高中阶段我们所早起的每一个清晨，学会的每一个知识等都是积累的"人生本金"。让学生体会到价值观决定需求，需求决定行动，从现在开始为了自己奋斗。

环节五：班会小结

（一）整堂回顾

师：一节课下来，我们一起完成了三个活动，从写下 10 个评价自己的词语到兴趣岛选择，再到价值观拍卖，大家对自己的认识有没有渐渐清晰？下面请大家闭上眼睛，给大家 2 分钟的时间，再重新评价一下自己，再重新思考一下自己，构建一个未来的轮廓。

生：伴着舒缓的音乐，闭上眼睛冥想。

（二）学生分享

师：本节课你有什么收获？谈谈你的感受。

学生分享本节课的收获。

预设答案：认真了解了自己；重新认识了自己；知道了自己的内心需求；通过明确了内心需求确定未来方向，不迷茫；会努力奋斗积攒"人生本金"；等等。

设计意图：课堂上的留白是给学生留下沉淀的时间。本节课活动多，讨论多，分享多，需要一定的时间思考与消化，更重要的是学生本节课需要留下自己与自己对话的时间，认知"我是谁"，并初步明确未来的大方向，在后期更具体的生涯规划中起到指导作用。

五、班会反思

开完这节班会，我有以下一些遗憾和不足，现进行反思，并给有兴趣开设相关班会课的班主任一点儿建议。

（1）在写下10个评价自己的词语的环节中，对于组员间表达认同与否部分，预期效果达到程度不太理想，可以通过其他方式来完成，比如每个学生用一个词来评价彼此，让每一个学生通过自我认知与他人认知来完善与修正自我认知；

（2）兴趣岛部分可以加上清爽的音乐体验，让学生在思考的时候想想海岛的感觉，同时获得美的体验；

（3）"价值观拍卖"部分，问题的设置比较有针对性，在时间允许的情况下可以让学生多分享自己的游戏体验，从游戏体验中去追问，带领学生深入思考；

（4）课堂留白让学生学会思考，不仅班会课如此，其他课堂也相同；

（5）在班会后，会有一些学生想要更多地表达与探寻自己，班主任可以通过课下等课余时间，继续与学生交流，将班会精神延伸。

第四章

劝君惜取少年时——"励志学习"主题班会

浮生岂得长年少

——2019 人文 MT 月考小结班会

山东省青岛第二中学　丁娟

一、背景分析

（一）学情分析

本班在高中入学时居于年级下游，名列前茅者寥寥无几。选科走班后情况有所改善，进入高三后成绩趋于稳定，但中下游依然占据多数，有态度认真却总不能保持进步的，有高一"欠账"过多因而目前难以追赶的，有自制力薄弱依然需要外驱力敦促的，有目标明确但自信心不足的，有心理状况不稳定考试焦虑紧张的……所以，需要班主任及时关注变化，因材施教，因势利导，才能保障整个高三过程的顺畅。

（二）主题解析

"浮生岂得长年少"，借用晏殊"渔家傲·画鼓声中昏又晓"一词中的句子劝诫学生珍惜青春时光，在最该奋斗的年纪里咬牙坚持，不被时光辜负。每一次考试的总结，既是对自己的反思，又意味着离高三的脚步越来越近，每个人都可能会疲惫不堪，但是最美的青春就该好好把握，才能不负韶华。

二、班会目标

（1）认知目标：了解学习现状，及时做出调整。学生明确自己目前需要得到的帮助，再由教师做出相应的指导。

（2）情感目标：情感励志与理性分析并行，温暖鼓励和冷静反思兼备，在漫长又艰苦的高三路途中需要及时地加油补给，不断锻造强大的心脏，继而成为更成熟的自己。

（3）行为目标：了解不足、查缺补漏，知行合一，克服自己习惯中的惰性和脆弱，制定好下一步的目标，继续前行。

三、班会准备

（一）学生准备

月考成绩下发后自我小结，填写教师的调查问卷。

（二）教师准备

设计学习主题调查小问卷、搜索减压小视频、制作课件。

四、班会过程

环节一：月考常规小结

（一）导语

同学们，我们又要感慨时间过得真快，不觉间大家迎来了高三的第四次重要考试。在去年的这个时候，我们开了一次"年光似鸟翩翩过，世事如棋局局新"的月考总结班会，转眼间一年过去，再送给同学们一句古诗"浮生岂得长年少"作为本次的班会主题，大家一定要珍惜剩下的高中时光。下面我们来进行本次的月考总结。

（二）考试数据展示

1. 高三四次考试各段人数变化。

2. 名列前茅者、单科状元、进步同学的例行表彰。

3. 提问反思：你还可以提高的细节地方是什么？

预设：习惯、时间、效率、错题、计划、心态、上课、作业、测试卷。

设计意图：对高三学生来说，较为正式的考试频率增加，心理状态比较微妙，既期待自己的进步、关心自己的每次成绩，又因为两轮考试时间间隔周期不长而引发一定的"麻木"心理。作为班主任来说，每次需要有常规总结，但还需要不断有新的"刺激"点，让学生不能只停留在关注成绩本身，而要每次认真反思自己的问题。对"按下葫芦起来瓢"的好多个问题点，通过对同学提问，也起到触发其他听众的作用。

环节二：展示学生提交学习主题调查问卷数据（提交人数 36）

1. 你对目前的努力程度是否满意？

    A. 非常满意（1）   B. 满意（4）

    C. 一般满意（14）   D. 不满意（17）

2. 你对学习和高考有自信心吗？

    A. 非常自信（1）   B. 比较自信（14）

    C. 不自信（9）   D. 不好说（11）

3. 你觉得自己在学习上的心理压力大吗？

    A. 非常大（0）   B. 比较大（8）

    C. 有压力但在正常范围内（23）D. 不大（5）

4. 你在学习上目前最需要改善的地方是什么？

    A. 方法习惯（22）   B. 抗压抗挫能力（2）

C. 自信心（4）   D. 意志品质（8）

5. 你心中的目标大学（1~2 所）是否明晰？

A. 非常明晰（11）   B. 明晰但感觉够不到（10）

C. 比较明晰（6）   D. 不明晰（9）

6. 你对未来的专业方向（1~3 个）是否已明确？

A. 很明确（13）   B. 比较明确（14）

C. 有很多，因而不明确（5） D. 不明确，报名时再说（4）

7. 你有早起或晚睡学习的习惯吗？

A. 会早起（7）   B. 会晚睡（15）

C. 都有（2）   D. 都没有（12）

8. 早起或晚睡会影响到你白天的听课或自习吗？

A. 有影响，打瞌睡甚至直接睡过去（4）

B. 有影响，会靠咖啡等强行提神（12）

C. 有一定影响，但能自己克服（13）

D. 基本无影响（7）

9. 你对班级学习氛围有何要求？

A. 最好入班即静（8）

B. 上课和自习课期间保持安静（20）

C. 无所谓，可以戴耳机（6）

D. 放松点的氛围更有利于学习，不用全天紧绷（2）

10. 对你来说，影响学习效率的最重要原因是什么？

A. 走神不专心（12）   B. 学习时间长（4）

C. 懒惰图安逸（14）   D. 抵不住诱惑（6）

11. 你觉得家庭对你的学习状况有何影响？

A. 积极影响为主（20）

B. 积极消极都有（12）

C. 家长不懂教育，不想和他们多交流（2）

D. 意见不一致，会有冲突（2）

12. 你目前最想得到哪些方面、哪些形式的帮助？

主要五个方面：学习方法、班级纪律、瓶颈（高原反应）、目标大学、心态调整

设计意图：这个调查问卷是为班级学生量身定做的，问题设计简洁、目的性明确，主要想从几个方面了解学生现状——勤奋程度、心理状态、梦想目标、班级纪律、家庭影响、需求帮助。这样既可以让老师较为全面地了解学情，也可以让学生在答题时进行进一步的自我反思，同时便利老师在后期进行有针对性的指导。

环节三：针对暴露的学情，答疑解惑侧重心理解压与激励

教师小结。

（1）勤奋程度：多数同学对自己的努力程度不够满意，一方面说明还不够努力；另一方面也说明大家还有潜力可挖，只要更加勤奋，一定可以有更好的自我提升。

（2）心理压力：比老师预想的好，多数同学认为焦虑紧张的压力都在一定承受范围内，但也有同学感觉压力比较大，而且心理变化波动性比较强。随着高考的临近，会有越来越多的同学感受到心理压力的增大，所以依然是一个不容忽视的问题。

（3）梦想目标：多数同学的目标比较明确，但自信心并不足，也就是说目标与实际存在差距。但梦想终究是要有的，每次高考都会有同学考出自己的最好成绩，万一你就是那匹黑马呢！

（4）纪律要求：绝大多数同学对班级有自习安静的纪律要求，但是选择入班即静的人很少，说明喧闹的课间被视为放松的有效方式。但要注意的是，有没有同学宽以待己、严以律人？自己有学习需求的时候嫌弃别人说话，但反过来的时候自己也会不自觉？

（5）家庭影响：高兴地看到大部分同学都承认父母带来的积极影响，

良好的亲子关系历来都是学习的助力。沟通还可以帮助大家放松，所以常和父母聊聊天儿对高三尤其有益。

（6）瓶颈困惑：高原反应期，多数同学在高三时期都会遇到。如果你在上学期就遇到了，还是一件好事，好过在高考前夕二模左右时遇到，那时只会让自己更加慌张。

设计意图：学生们对整个班级测试出来的结果还是非常关注的，因为这代表了大多数人的心声和状态，他们也希望知道自己究竟是高三的正常状态还是特殊情况。另外，他们希望得到切实有效的指导。作为执教多年高三的老班主任，既要让学生看到目前的不足，又要注意把学生导引到积极的方向上。如惰性的存在是已知问题，但要告知学生这代表着还有潜力挖掘，如瓶颈期的止步不前，难免让学生心焦，但告诉他们现在出现是最好的时期；如梦想的难以触摸是自信心不足的表现，但要告诉他们黑马每年必然存在，梦想是不可或缺的力量等。这部分设计是教师主讲，没有花哨的设计，但会让学生心安。

环节四：展示教育案例，播放减压小视频

（一）展示两个教育案例

学生 A：

这个女生从高一起就在重点班，但成绩一直在最后，年级名次200 名左右，而这个当初是按照年级前 50 名选拔的。这种情况一直持续到高二下学期，期中考试后，她的成绩进步很大，接着到了期末考试，她一举考入年级前 50 名。高三平稳进步，最终考入一所不错的 985 大学。回顾她的高中三年，完全可以以心理状态的改变前后分为两个阶段。高二之前，承受很大的压力，心理状态很差，甚至面临较为严重的心理问题困扰。这直接导致她精神状态非常差，学习注意力严重不集中，睡眠问题严重，记忆力下降明显，屡次考出低成绩。高二下学期之后，经过

一系列的开导帮助，她变得非常自信，对学习表现得很积极。精神状态的改变，带来的是学习上的巨大变化。

学生B：

这个女生是中考学霸，刚进入高中时是年级前10。第一次月考，她就掉到了年级100名以后。到了高一下学期，她的学习更糟，期末考的名次掉到了年级200名以后。在这个过程中，她的班主任、任课老师、家长都给她做了很多工作，但都无济于事。这一切是如何发生的？——她的心理出了问题。最大的心理问题是：把学习上的挫折夸大，而这又令她惊恐、不安，情绪长时间回不到学习上，会漫无目的地走神。她的另一个心理状况是嫉妒。由于成绩下降，她对曾经和她一个水平甚至低于她，但现在超过自己的同学，内心有越来越严重的嫉妒，甚至不满。每天看到班上的这些学生，她就不自在，这些学生出色的表现更令她心神不宁，精神上遭受更大的折磨。

两个故事的结论不言而喻，能打败自己的往往不是别人，而是自己。

（二）播放权威医生的减压小视频，分享减压小妙招

1. 观看视频，听取医生建议

2. 互相分享，平日解压小妙招

大家围坐交流，凑出自己小组中觉得好的妙招，一名代表分享给大家（见图1）。

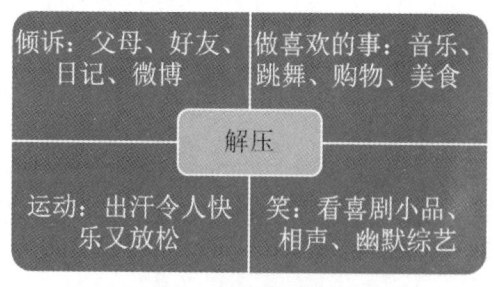

图1　减压小妙招

3. 班主任的小建议

（1）多和别人聊天交流，出现问题早求助，别钻牛角尖；

（2）多分享一点儿开心的事，多夸夸自己和朋友；

（3）在有限的时间内不放弃自己的热爱，做自己喜欢的事情；

（4）有氧运动缓解抑郁，户外活动有助身心；

（5）如果不能对学习保持持续的热情，至少把它当作吃饭、喝水一样平常；

（6）急于求成、急功近利、做事一定要求看到结果，往往会适得其反；

（7）给自己设置小目标，且要有弹性，但不能允许自己总是完不成；

（8）做简单的事，维持简单的人际，过简单的生活。

设计意图：有经验的班主任知道，高三基本就是学习本身和心态两个重要因素，且互为影响，所以一节班会课不可能面面俱到，把所有问题都解决。抓住重点，直击问题本身，会让学生觉得都是现实问题，不容忽视。

环节五：心理小游戏，结合展示优秀学生的日常卷面，找不足，促信心

（一）小游戏

大家熟记自己写下的 5 条优点和 5 条缺点，然后两人一组，面对面站好。第一个同学伸出手，同时在心里默诵自己的缺点，一条 5 遍，默诵完全部缺点后，微微点点头；对面的同学就去压压这个同学的手，感觉一下他的力量大小。然后，第一个同学在心里默诵自己的优点，一条 5 遍，默诵完全部优点后，微微点点头；对面的同学再压压这个同学的手，感觉一下他的力量大小。然后互换角色、位置做一遍。

要求：一定要严肃，这样才能体会到奇妙东西；压手的同学，力量要适度，不能太猛也不能太轻。

学生分享感受。

你只要默念自己的优点，就变得有力量；你默念否定自己的语句，你就变得很弱。这就是心理学上非常重要的一个原理：自我实现的预言。这个原理说的是：你想成为什么样的人，你自己就会自觉不自觉地去证明你自己就是这样的人；你认为你是很有力量的，你就很有力量；你认为你是一个容易失败、被别人抛弃的人，你就会找很多的理由证明你是一个失败者。所以，要想取得好成绩，首先要记住自己的优点，保持自信。

（二）展示优秀学生日常卷面

结束语：要想收获，先问付出。当比你聪明的人比你还要努力，你还在怀疑自己为什么难以进步吗？只要做起来。

设计意图：理论的剖析能起到提醒作用和指导作用，心理游戏简单，却能发人深省。卷面对比来自身边的同学榜样，更能直观感觉出自己的不足，效果更好。高三，无非是有勇气，一直努力前行。

五、班会反思

（1）常规的学习总结。主题班会如何开出新意和吸引力，一直是个难题，有直击心灵的设计点是最好的选择。

（2）问卷调查是原创设计，所以简单直接，没有过多参考心理学的元素，但从把握学情来看还是非常实用。

（3）涉及学生提出的需要帮助的方向比较杂，一节课难以都解决好，所以这种班会可以开成系列，每次有所侧重。如学生提出的学法指导，可以在下次班会进行。

（4）总体感觉对学生有效果，但新颖性不足，还是偏向传统班会，需要进一步挖掘和改善。

甄·选、真·选
——选科指导班会

山东省青岛第六十八中学 由艳慧

一、背景分析

（一）学情分析

在新高考"3+3"背景下，学生不再只有文科与理科两种选项，而是6科选3科共20种选项，这让学生、家长与老师共同面临一个问题——应该怎么选科？

学生面临这样几个问题：①在义务教育阶段学习的内容较高中阶段内容简单且容量小，学习对能够升入高中的部分学生来讲已经是难事，高中阶段各学科知识容量大、涉猎广、难度大、程度深，在高一一年的学习中或许已对某些学科感到吃力，必然影响学生对科目的选择；②初中阶段，学生初二结束地理与生物的学习，初二开始学物理，初三才开始学习化学，6科的学习时长有所不同，也会导致学生对各学科的掌握情况有差异，从而影响科目的选择；③高考时，专业对科目选择的要求呈现的趋势是限选物理或化学的专业及招生名额多，这也会影响学生对科目的选择；④学生的学习兴趣也会影响学生科目的选择。如此，在成绩、兴趣、专业要求三者间如何抉择将成为学生与家长必须思考的问题。

笔者所在学校学生资质不算出众，属于中等学生，三者矛盾更加深化，学生选科需进行提前指导。

（二）主题解析

为了帮助学生进行合理科学的学科选择，希望通过"甄·选、真·选"这堂班会课消除学生心中的些许迷茫，让学生不必站在"选科"大门前踌躇。"甄"指遴选，甄别，在了解了新高考"3+3"模式的基础上，进行自我评估，甄别自己适合的升学途径与方向；通过成绩、兴趣、专业三者间的思考与排序，来初步确定自己选科的几个目标组合，达到真正有效选科的目的，即"真·选"；并在有了选科目标的情况下，调整高一学段的学习状态，全面发展略有侧重，做到有精力、有效率。

二、班会目标

（1）认知目标：通过视频等方式让学生深入了解新高考模式下的选科政策；通过霍德兰职业测试及 MBTI 性格测试让学生初步了解自己，并对自己善于从事的行业进行测评，对照高中阶段的升学方式及途径为自己进行初步定位；通过活动的形式让学生初步思考 6 选 3 的组合，并结合成绩、兴趣及专业的指导进行分析与修正，达到初步选科的目的。

（2）行为目标：整堂班会中，学生能够了解自己的性格及适合的职业方向，并进行初步选科，能够帮助第一次经历高中考试的学生找到目标，重视各科目学习，全面发展，为后面面临的选科打好学习基础，提升学习动力。

三、班会准备

（一）学生准备

提前完成导学案内容：新高考政策的阅读，高校专业学科大类的阅读与初选，分组准备大类专业介绍及高校相关资料查询；线上完成MBTI 性格测试并记录自己的性格测试结果。

（二）教师准备

提前查阅新高考政策、高校专业学科大类等资料，制作班会课前导学案；准备霍兰德职业测试及 MBTI 性格测试题目；制作选科相关问卷、发放问卷、收集问卷并做问卷分析；制作 PPT 课件。

四、班会过程

环节一："6 选 3" 你了解了吗?

（一）政策了解

通过导学案中的问题串，让学生课前了解新高考政策并完成问题串，以下是问题串：

1. 新高考政策中的 "3+3" 指的是什么?

2. 高考选报科目的条件是什么?

3. "6 选 3" 科目的最终分值如何计算?

4. 志愿填报时选科科目有什么影响与作用?

每个小组选派代表回答上述问题，并进行组内组间的相互补充。

（二）班主任总结

新高考政策下的 6 选 3 科目的组合与选择，是为了使每个学生都有更加多元化的发展方向，选择一个高效的过程，为社会发掘更多有潜力的人才创造更多条件。在新高考政策下，我们需要根据高校提前发布的招生报考要求和自身特长，从物理、化学、生物、思想政治、历史与地理中选择3科，通过等级赋分计入高考总分。我们有了更多元化、灵活化的选择，那我们究竟该如何选呢？我们今天就来了解与研究如何通过"甄·选"学科来实现"真·选"。

设计意图：通过问题串的形式，从新的高考政策入手，让学生首先了解高考升学的模式，提前感知6选3政策的目的，感受到选科的重要性，掌握选科的主动权，引出本节班会的课题。

环节二：你了解自己吗?

师：选科既然要求我们参照高校的报考要求与自身特长，那大家有心仪的大学专业吗？清楚自身特长于何处吗？

邀请有心仪专业的学生分享自己喜欢的学科及原因。

师：大部分同学还没有思考过心仪的专业。没有什么偏好，没有关系。我们先来了解一下自己的性格特点，看看适合哪些职业。先来了解自己，可以对我们的专业选择提供参考，对应专业相关的学科可以在6选3中加以关注。

（一）活动一：MBTI 性格分析 & 霍兰德职业测试

师：课前同学们已经通过线上进行了 MBTI 性格分析测试，相信大家先在对自己的性格特质已经有了一定的了解，下面我们利用学校资源再进行一个职业性格测试。

学生完成导学案上给出的问题串：

1. 你在 MBTI16 种性格类型是_____型，典型特点：_____。

2. 你在霍兰德职业测试中，S 型得分_____、E 型得分_____、C 型得分_____、R 型得分_____、I 型得分_____、A 型得分__

_____。

3. 你适合与感兴趣的职业有_____

_____。

4. 与你对自己的认识相同吗？不同，哪里不同？_____。

5. 你有哪些收获？

霍兰德职业测试

类型	共同点	职业
社会型（S）	喜欢与人交往，不断结交新的朋友，善言谈，愿意教导别人。关心社会问题，渴望发挥自己的社会作用。寻求广泛的人际关系，比较看重社会义务和社会道德	喜欢要求与人打交道的工作，能够不断结交新的朋友，从事提供信息、启迪、帮助、培训、开发或治疗等事务，并具备相应能力。如教育工作者（教师、教育行政人员）、社会工作者（咨询人员、公关人员）
企业型（E）	追求权力、权威和物质财富，具有领导才能。喜欢竞争，敢冒风险，有野心、抱负。为人务实，习惯以利益得失、权力、地位、金钱等来衡量做事的价值，做事有较强的目的性	喜欢要求具备经营、管理、劝服、监督和领导才能，以实现机构、政治、社会及经济目标的工作，并具备相应的能力。如项目经理、销售人员、营销管理人员、政府官员、企业领导、法官、律师
常规型（C）	尊重权威和规章制度，喜欢按计划办事，细心、有条理，习惯接受他人的指挥和领导，自己不谋求领导职务。喜欢关注实际和细节情况，通常较为谨慎和保守，缺乏创造性，不喜欢冒险和竞争，富有自我牺牲精神	喜欢要求注意细节、有精确度、有系统、有条理，具有记录、归档、据特定要求或程序组织数据和文字信息的职业，并具备相应能力。如秘书、办公室人员、记事员、会计、行政助理、图书馆管理员、出纳员、打字员、投资分析员
实际型（R）	愿意使用工具从事操作性工作，动手能力强，做事手脚灵活，动作协调。偏好于具体任务，不善言辞，做事保守，较为谦虚。缺乏社交能力，通常喜欢独立做事	喜欢使用工具、机器，需要基本操作技能的工作。对要求具备机械方面才能、体力或从事与物件、机器、工具、运动器材、植物、动物相关的职业有兴趣，并具备相应能力。如技术性职业（计算机硬件人员、摄影师、制图员、机械装配工）、技能性职业（木匠、厨师、技工、修理工、农民）

续　表

类型	共同点	职业
调研型（I）	思想家而非实干家，抽象思维能力强，求知欲强，肯动脑，善思考，不愿动手。喜欢独立和富有创造性的工作。知识渊博，有学识才能，不善于领导他人。考虑问题理性，做事喜欢精确，喜欢逻辑分析和推理，不断探讨未知的领域	喜欢智力的、抽象的、分析的、独立的定向任务，要求具备智力或分析才能，并将其用于观察、估测、衡量、形成理论、最终解决问题的工作，并具备相应的能力。如科学研究人员、教师、工程师、电脑编程人员、医生、系统分析员
艺术型（A）	有创造力，乐于创造新颖、与众不同的成果，渴望表现自己的个性，实现自身的价值。做事理想化，追求完美，不重实际。具有一定的艺术才能和个性。善于表达、怀旧，心态较为复杂	喜欢的工作要求具备艺术修养、创造力、表达能力和直觉，并将其用于语言、行为、声音、颜色和形式的审美、思索和感受，具备相应的能力。不擅长事务性工作。如艺术方面（演员、导演、艺术设计师、雕刻家、建筑师、摄影家、广告制作人）、音乐方面（歌唱家、作曲家、乐队指挥）、文学方面（小说家、诗人、剧作家）

设计意图：通过两个测试，让学生对自己的性格特质与适合的职业有初步了解，明晰方向；通过问题串，让学生在完成问题中交叉分析与思考自己的职业生涯，形成大方向目标。

（二）认识升学途径

师：同学们了解了自己适合的职业，想必也有了初步的目标职业与专业。下面老师通过一个视频帮助同学们了解升学途径，请大家认真观看，有针对性地记录自己适合的途径。

师：也请同学们对你知道的更多的视频中未提到的升学途径进行补充。

设计意图：通过帮助学生充分了解升学途径，学生会深入理解高考升学早已不是"独木桥"，不同的升学途径对成绩有不同要求，评估适合自己的升学途径，实现向目标迈进的第二步。

（三）了解专业要求

师：现在相信大家对适合自己的升学途径已经锁定了，那我们在有升学途径及有目标专业范围的情况下，应该如何进行科目的选择呢？课前老师下发了高校专业大类明细表，同学们已经分小组选择了一大类，进行了资料的收集。下面请每个小组上来为大家介绍小组选择的专业类别。

每个小组派代表介绍小组内感兴趣的一个专业，包含专业内小类别专业、主要专业课、对高考选科的要求、对口的职业等内容。

设计意图：通过课前让学生按照兴趣自发分组并进行资料查阅与提炼准备，让学生体验探索专业的过程，体会研究专业的重要性，教学生研究自己心仪专业的方法，通过小组分享达到观点分享的效果。

通过整个环节的设计，让学生从自己的特点入手，到确定升学途径，再到确定专业的选课依据，一步一步实现选科目标（见图1）。

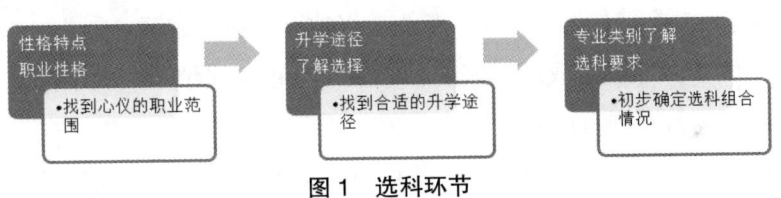

图1　选科环节

环节三：开始尝试选科吧！

（一）"甄·选"科目组合

师：经过了前面的一系列活动，请大家尝试着确定几个你想要选择的科目组合，并在小组内分享一下你考虑选择这些组合的原因。

师：有哪位同学愿意与全班同学分享一下你的选择组合情况与原因。

多请几位学生分享自己的想法，可以提炼出，学生从走夏季高考需要更高的分数，选择自己分数相对较高的学科；通过刚才的活动体验有了专业的选择方向，按照专业需求进行选科；单纯因为自己喜欢学习这些科目，不在乎成绩，相信兴趣决定动力来选择。

设计意图：让学生"甄·选"科目组合，根据本节课前半段的经历来有指导性地选科，为到达"真·选"的目标奠定基础。

（二）成绩主导、兴趣主导、专业主导三者辩论

师：感谢刚才这些同学们的分享，我们通过同学们的分享发现，主要影响我们选科的因素主要有成绩、兴趣及专业要求。同学们觉得哪一项因素是影响你选科的主导因素呢？主导的顺序如何呢？请同学们走向你选择主导顺序所在的区域寻找到你的伙伴，我们将进行开展一个三方辩论——"成绩、兴趣及专业，到底哪一个是主导因素？应该怎么排序？"

学生活动：学生根据自己认为的主导因素坐到事先分好的区域中，有"成绩－兴趣－专业；成绩－专业－兴趣；兴趣－成绩－专业；兴趣－专业－成绩；专业－成绩－兴趣；专业－兴趣－成绩"共六个区域，并针对辩论题目开展自由辩论。

师：经过刚才的辩论环节，我们可以渐渐发现，无论选择哪种顺序都是有据可循的，重要的前提是我们要了解我们自己，只要是适合自己的当前情况的，都是有道理的。

设计意图：通过辩论赛让学生的思维活跃起来，真正去思考自己选择科目的原因。在相互想法的阐述中，完善自己的思路，为下面重新调整、真正选科提供依据。

（三）"真·选"科目组合

师：在刚才的辩论中，可能部分同学被其他同学的观点打动了。现在请大家再重新审视自己刚才的初选组合，进行调整。

学生活动：对刚才初选的组合进行调整或者再确认。

设计意图：通过留给学生时间再调整、再思考达到帮助学生"真·选"的目的。

环节四：为了未来努力奋斗！

班主任提供无目标学生不愿努力的实例，让学生体会到要变被动学习为主动学习，提供每年高考结束后因为志愿填报遗憾滑档的例子，让学生体会到现在"未雨绸缪"的重要性，不能得过且过；提供本科专业学起来相当痛苦，之后花费了更多的努力选择适合自己的道路的例子，让学生体会到不能盲目选择。

师：看了上述例子，大家有什么感受？

师：相信同学们已经有了未来的方向，无论我们选择哪些学科、哪个组合，我们要想实现发展的多元化，都需要为了未来去努力。所有的规划与目标的实现都离不开勤奋，勤奋才是硬道理。更多的选择需要建立在强大的自我的基础之上，想要给自己留下选择的空间，就要让自己全面发展，才不会在进行选择的时候受制于成绩、受制于现状，而全面发展的实现靠的是自身的努力！要用百分之百的努力来面对选科，才能真正随心所欲。

设计意图：选择让我们有目标向前，而向前的动力是勤奋提供的，让学生更加坚定学习，全面发展，实现立德树人目标。

（1）本堂班会课思路清晰，逻辑合理，但是缺乏生动性，学生分享得多，政策性、理论性阅读材料多，课堂气氛不活跃，学生容易疲劳；

（2）本堂班会本在调动学生学习积极性，为学生布置了一些课前任务，老师需将任务详细地与学生讲解清楚，才能达到良好的目的；

（3）辩论赛部分可以再增加几个问题，阶梯性地提问，让学生一步一步深入思考，让辩论进行得更加热烈；

（4）在开展本堂班会前，一定要做好足够的准备工作，政策的解读、选科的研究、专业的类别等，先做到自己心中有数；

（5）在回归到"勤奋"这个主题上来时，可以让学生讲出这个主题，班主任进行总结与升华。

一人一句"话"期中

山东省青岛第一中学　薄正

一、班会背景

（一）学情分析

高二学生入校已经一年有余，对高中生活学习模式已经较为了解，但在选科分班后，依旧面临着与新老师、新同学重新磨合的问题。同时，高二的学科在种类与难度上也与高一时有一定差距。"时间紧，任务重"，面对高二的特殊性，学习上的注意事项以及方法引导仅靠老师的说教难以深入人心，而期中考试就提供了一个很好的教育契机。

（二）主题解析

期中考试是高二分班以来的第一次正规大型考试，学生普遍对这次考试充满期待。通过成绩分析，学生可以对选科后的自己进行重新定位，进而从中反思，端正态度，查漏补缺，不断提高。进行期中考试的总结班会，不仅是在新班级树立榜样，方便调动学生形成"你追我赶"的学习氛围，更是为学生提供一个经验分享的平台，在观念碰撞中实现从"实践"中悟"真知"。

二、班会目标

（1）认知目标：通过学科状元与班级状元介绍经验，总结学习方法，分享应考技巧，强调答题规范，为后期学生学习应考指明方向。

（2）情感目标：通过表彰优秀，在班级中树立学习榜样，培育"领头羊"，带动全班。学习领头学生勤思考、敢质疑、勇实践的品质，努力提升自己。

（3）行为目标：学生总结经验教训，将最重要的一条写在便利贴上，经班主任审核后在展板上展示，方便同学相互借鉴，共同提升。

三、课前准备

（一）学生准备

（1）学科状元与班级状元准备经验介绍的发言稿。

（2）每位同学都总结一条自己在考试中的经验教训。

（二）教师准备

准备活动 PPT，奖状、奖品、便利贴、彩纸若干。

四、班会过程

环节一：成绩表彰，树立榜样

展示班级总成绩靠前的学生、单科成绩靠前的学生，以及相较于分班考试进步幅度大的学生，配有平时认真学习的图片，在学生潜意识中建立平时表现与成绩优秀的联系。PPT 展示后，受表彰学生上台领奖并合影。

教师：恭喜以上同学！可以看到，能在考试中脱颖而出的同学，在平时学习中都倾注了大量心血，"台上一分钟，台下十年功"。希望获奖的同学再接再厉，也希望其他同学可以通过努力，下次进入这个行列中来。

设计意图：在全班面前树立学习榜样，鼓舞其他同学的学习热情。受表彰学生中也不乏班委，在表彰学习的同时，也是帮他们在同学心目中树立威信。

环节二：经验分享，走下"神坛"

请各科学科状元上台分享自己在这一学科中的学习心得，每人只重点介绍一种自己认为最重要的具有普适性的学习方法。

学生 A：（语文）

（1）积累。积累包括很多方面，素材积累使作文叙例丰富不空谈，名句积累使文章文采丰富。积累常见的题型的答题思路、答题角度，构建语文的学科知识体系。我们总会遇到一类问题，会有不同的答案，但角度一定是一致的。

（2）培养语感。语言类学科的语感可以帮助我们解决许多问题，一些人容易混淆的概念，用语感来解决是一个非常简单的方式，培养语感的方式就是多读多看。比如，我的文言文断句题容易错，那就多读文言文。不一定要读课外的，读课内的文章，效果一样。若是语言运用问题大，就多读现代文。

学生 B：（数学）

数学是注重理论的学科，也是注重积累的学科，不是一日之功。在课堂上，听讲认真，不要盲目自大地乱刷题，跟紧老师最重要。课后巩固课上所学知识同样重要，多回顾课上所学，不懂就要做到勤学好问，多问同学与老师。作业必须每日按时完成，不要觉得没用就放弃，老师布置的作业有他的道理。错题本的建立，我认为是重中之重，既可以做一遍错题加深回顾，又能在复习时当作一手资料。最后，学习一定要踏实肯学，切勿好高骛远。

学生 C：（英语）

（1）把背单词培养成为一种兴趣，在学习之余可以通过背单词的方式进行放松。如今，英语学习更注重阅读能力的培养，词汇量在阅读的理解方面尤为关键。抓住单词的词根所在，关注前缀、后缀，推断出陌生单词的含义。比如说 ceive 对应很多前缀，如果弄清每个前缀的含义，不仅可以培养兴趣，背单词也可以事半功倍。同时，平时闲暇时可以阅读地理、化学等教科书最后的单词部分，由于考试含有科普文章，看这些单词可以在考试中的猜单词含义题方面出奇制胜。

（2）生活中可以听自己喜欢听的英文歌曲，通过跟读的方式掌握单词发音，通过边读边看学习单词的含义和拼写。也可以看一些优质外国影片，英语作为一种工具类学科，为了长远的学习，也应该培养与人交际的能力。

学生 D：（物理）

有关物理，首先，就是学会品味一道题。每当看一道题时，应思考是否为学过的模型，思考有几个以及哪几个知识点的结合。若是从未见过的，可以整理到笔记本上（一定要定期翻看）。其次，我们要准确理解物理公式及概念，每一个字母、字词，都要准确记忆其含义。最后，步骤规范，严格按照老师规范的方法写，否则容易导致正负号的错误，进而导致答案的错误。

学生 E：（化学）

（1）化学这门学科知识点零碎，平常要注意课堂听讲，错题要整理出来反复去看。

（2）化学要注意理解，一味刷题不会提高成绩。要多翻书，把知识点掌握扎实后，有目的地刷题，刷掌握不熟练的题。

（3）考试技巧很重要。化学卷子坑点很多，一定要看清题目再答题。比如，是"离子方程式"还是"化学方程式"，写"名称"，还是写"符号"。

学生 F：（生物）

（1）利用好课本。生物的一大特点就是零碎知识点多，需要多看、多记忆。平日学习时注重在课本上勾圈关键词句，一定多翻、多看，看的时候着重看课本上自己圈的重点。看一次不求全部都记住，多看几遍，每遍都会有收获，最后就能记得差不多了。

（2）记笔记不是抄大段大段的原话，时间紧的话挑关键词记本子上。记笔记的时候，也要竖起耳朵听老师讲的内容，课本上有的在课本划，笔记上除了基本的知识点，还要着重记老师所讲的易错的点。

（3）平日做题时所有选项都看，蒙对的题要自己做好标记，事后弄明白所有选项。把错的选项单独整理成一页笔记，相当于建立了自己的易错点汇总，也可以翻到当时此内容的笔记，补在旁边。不建议直接整理错题，把错的知识点整理出来更有效率。

学生 G：（地理）

首先，我们要重视基础，记忆一些重要的答题模板，除了记忆模板，我们也要总结一些自己的模板，这些模板可以让我们在碰到创新型题目时使用或类比模板给出的思路进行答案的补充完善，减少失分。其次，要多进行积累，多从网上搜集一些地理现象科普类的视频，丰富自己对一些不认识的地理现象以及人文社会中的一些举措的影响作用的了解。除了这两方面，做过的错题也要重视，要对做过的题有印象，争取从每一道做过的题中学到东西。

班级状元重点介绍自己的学习经验、时间分配方法以及统筹规划技巧。同时也给大家分享自己曾经遇到的困难，后来又是怎样解决问题的。

教师：感谢各位"学霸"给我们带来的经验分享！可以看到，不论是谁，也不论他的成绩有多么突出，他的秘诀原本就是常识。道理都懂，就看你能否将这些道理执行下去。落实得好，你也可以成为"学霸"。

设计意图：借学生之口总结获得好成绩所必备的品质，更有说服力。每人只重点介绍一种自己的措施，原因有二：一是很多科目的学习方法是相通的，每人少说就可以降低重复。二是说多了大家也记不住，容易流于形式，每人只分享一种最重要的，使重点更加突出。

展示班级状元面对困难的表现，让他走下"神坛"，拉近与其他同学的距离，告诉大家每个人在学习过程中都会遇到困难，你面对的问题也是别人的问题，唯有坚持与变通才能克服困难。（班级状元分享的是他之前不好意思找老师问问题的事例，他属于比较内敛的学生，一直担心自己在老师面前出错而被质问。后来有一个问题跟同学争执不下，找老师评判，虽然错了但他独特的思路受到了老师表扬，以后便有勇气把自己的思路说给老师听，成绩也进步飞速）

环节三：教训总结，他山之石

学生总结自己在本次考试中的经验教训，每人一句写在便利贴上，上交后班主任读出，并做简要点评及指导。而后学生将完善后的话写在彩纸上，在展板上展示。

学生 A：多看课本并理解记忆，课本上的边边角角不放过。

学生 B：注重对作业的回顾，对基本知识的理解。

学生 C：演草纸分块使用，方便检查找答案。

学生 D：慢点读题，圈画题目中重要信息，再下笔做题。

学生 E：保证休息，睡眠不足易造成大脑宕机。

设计意图：暴露学生在考试前后普遍存在的问题，为后面的学习总结经验教训。班会前期曾做过调查，学生反馈之前的考试也经常在老师的要求下反思，但大家普遍把这当成一项"负担"，各学科的总结相似，无非就是那么几条，拿来照抄一下完事，最多再信誓旦旦做个保证，交完"作业"后，自己都忘了写了些什么。

要让学生通过一次考试把所有问题都改了，很不现实。每一个想改正的问题，背后都是长时间养成的习惯，都需要学生好几次努力才可能更正。一次性展现好多问题来改，对学生来讲任务量太大，也就不愿去做了。每人只写一条最急需改正的，印象就会较为深刻，只要后面有改善，就是自己的进步。积跬步，方可行千里。

汇总后可以看到，学生的经验教训多种多样。虽然每人只写一条，汇总后内容就非常丰富了。有的反馈平时学习时应注意基础、回顾错题、重视课本、扎实作业以及利用好零碎时间；有的强调考试过程中要调整心态、仔细审题、认真书写、及时涂卡、合理分配演草纸和掌握答题技巧；还有的提醒自己考前要及时休息、吃早饭以及去卫生间等，做好后勤保障（见图1）。

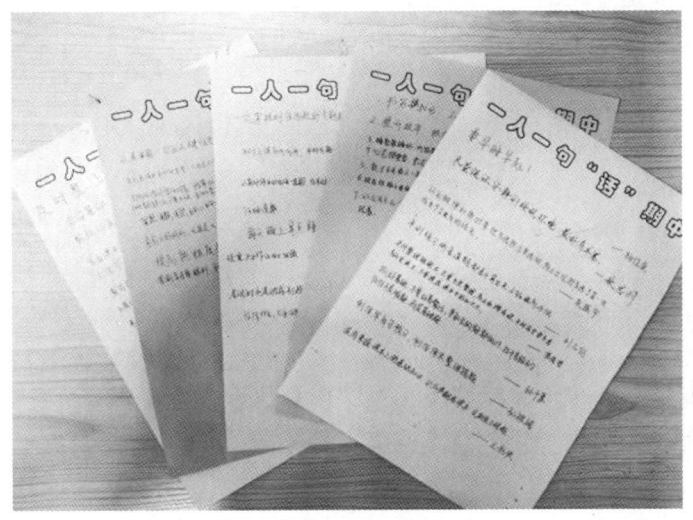

图 1　学生总结经验教训

环节四：教师点拨，总结升华

本节课我们一起聆听了学霸们的经验介绍，总结了期中考试的经验教训，相信总有几句戳中你的地方。但是，破局的难度并不在反思，而在于自己是否有勇气、有毅力去改变，希望同学们课下能将所学所悟付诸实践，下次考试由你来分享经验！

五、班会反思

（1）树立班级榜样，巩固班委团体在班级中的领导作用，强化班主任的威望与信服力,为培育浓厚学风打好基础。同时,鼓励班内良性竞争,促进同学之间的你追我赶。

（2）不拘泥于成绩,帮助学生透过分数查找问题,寻找下一阶段学习提升的"生长点"。经验教训的分享,使每位学生都充分参与其中,在愉悦的气氛中有所收获。根据班主任对反思的点评,科学改善自己的问题,坚定学习目标与信心。此外,学生发现自己实践所得经验与老师平时的要求是一致的,从而增强学生对老师的认同感。

有"法"可依、效率加持，进步不是梦
——"学法指导"主题班会

山东省青岛第六十八中学 由艳慧

一、背景分析

（一）学情分析

我们学校的生源普通，执教班会课的班级是特殊政策下来自崂山区的生源，他们有的中考刚刚过普高线，大多数学生学习习惯欠佳，升入高中后，高一多少有些自由散漫，不能很快地适应高中的学习节奏。现在学生处于高二上学期，临近期末，刚刚经历了学业水平考试的洗礼，接下来马上就要面对高二上学期的期末考，以及各学科的一轮复习。

（二）主题解析

近临期末考试，远至下一个学习阶段即将到来，成为准高三生，此时再对学生们进行一次学法指导是非常有必要的，学习做到有"法"可依才不会迷茫。只有方法不实践是形而上的，想有所实践就需要时间。进行时间规划、提高效率，是他们成长道路上最重要的加速器，所以班会主题设置为"有'法'可依、效率加持，进步不是梦"，即有了方法还不够，还需要有效率，这样才能找到学习的秘境，进步就不再是空谈。所以本节班会有两个重点，一是学法指导，二是时间管理。

二、班会目标

（1）认知目标：通过观看任课老师的学科指导视频，发现各学科学习方法的共性，总结学习必备的行动和素养，感受到学习其实并不难，做到有"法"可依；通过对六科学习的时间分配讨论，引出时间管理的重要性，并通过时间感知游戏，获取时间管理、提高效率的方法。

（2）情感目标：通过"清华学霸时间规划表"等事例对学生形成冲击，让学生感受到自己的差距，意识到学习方法和时间管理的重要性、意识到勤奋努力的必要性。

（3）行为目标：有了学习的方法，有了时间管理大法，方法加效率，能够在接下来的日子中行动起来，每天进步一点点。

三、班会准备

1. 学生准备

结合自己学习现状，思考自己的进步目标，写好提前下发的目标分解表，收集时间管理的妙招儿与办法。

2. 教师准备

制作各任课教师的学科指导视频；寻找视频、图片素材；制作 PPT。

四、班会过程

环节一：导语

结束了学业水平考试，相信绝大部分的同学已经获得了高中毕业的资格，但我们的眼光肯定不仅仅着眼于高中毕业，而是有更高层次的目标，进入梦想的大学。我们冲刺高考的全新挑战才刚刚开始，下学期我们将全面进入各学科一轮复习，为了让学习更得章法、进步看得到，所以开展今天的"有'法'可依、效率加持，进步不是梦"学法指导主题班会，期待同学们通过今天的班会能够有所收获。

环节二：通过观看各任课教师学法指导视频，归纳学法的共性

（1）播放任课老师学法指导视频

（2）问：看完各科老师的学法指导，你有没有发现各学科间学习方法的共性与不同？小组为单位讨论一下，讨论结束后分享。

设计意图：让学生带着问题观看集中的各学科学法指导，主动寻找各学科间学习的共性，提炼学习的共性方法，运用到学习的方方面面中，同时体会到各学科的不同特质导致的学习方法上的一些差异，再赋予具体学科具体的学习方法，经历从特殊到一般，再由一般到特殊，在讨论提炼的同时，将学习方法内化。

环节三：请老师、学生公认的班级学霸进行个人经验分享，感受学霸的共性

（1）学霸分享

此处具体省略，重点在于学生的时间规划做得好和学习习惯佳。

（2）分享来自清华大学的真学霸的时间规划表，体会时间管理的重要性，高效利用时间。

问：这是清华大学一位学生的时间规划表，从这张图里你读到了什么？学习到了什么？这位学姐有什么学习的品质值得我们学习？

（PPT展示）

预设答案：除了上课的时间，非上课时间都安排妥当，有计划性；每天睡觉时间在1~6点，时间充分，早起已成为习惯；有一些每天都做

的事情,一些习惯,如听 CNN 英语等;不仅有学习,德智体美劳都有涉及,综合发展;每天有对自己的反思与评价,还有加油鼓劲的话……

设计意图:通过环节一、二,对学生产生直观冲击,无论是自己身边的学霸朋友、还是清华的学霸学姐,感受到自律很重要,触发行动的第一动力是规划,时间的高效利用,往往让人事半功倍;体会到养成习惯将零碎时间利用起来,不仅我们可以让学习进步,还可以提升综合素质,想要了解和感兴趣的事物也不会被全部扼杀。

环节四:时间规划上具体应该怎么去做呢? 探索时间管理的法则

(一)游戏体验:1 分钟有多长

(1)请同学们闭上眼睛,从老师说"开始"起计算时间,在你认为已经过了 1 分钟后起立并睁开眼睛,记下你度过的真实时间。

(2)下面请同学们就你们喜欢的明星小组聊天 1 分钟。

问:第二个 1 分钟和第一个 1 分钟比,感觉相同吗? 为何有时感觉快,有时感觉慢呢?

这就是时间错觉:对时间长短的错误知觉。对同样长短的一段时间,由于受兴趣、态度、情绪、活动内容等因素的影响,人有时觉得较长,有时觉得较短。聊天会让时间过得飞快,但这时间同样可以用来做很多有意义的事情;或许用来背过 5 个单词,会带给人压力,也会让人懈怠。如果我们将 1 分钟说成 60 秒,会不会感觉还有很久,说成 3600 毫秒就感觉更长了,但真的是这样吗? 学会掌控时间是非常重要的。

(二)问:你们有什么时间管理的小妙招儿

(1)列清单:将一天要做的事情列出来,然后完成一项打一个钩,非常有成就感;

(2)列周计划:将一周要做的事情写下来,并标注截止时间,有长远规划，也可以是月计划等；

（3）优先级：重要且紧急＞紧急不重要＞重要不紧急＞不重要且不紧急，做事情的顺序可以参照重要和紧急两个维度。

……

（三）时间管理方法小结

图1 时间管理方法

设计意图：通过小游戏让学生静下心来去感受时间的流逝、1分钟的长度，认知时间偏差，对时间管理有更深刻的认识，并且把时间管理的切实可行的方法运用到以后的日常学习生活当中。也交代好本节班会课的第二个主题——时间管理创造效率。

环节五：班主任的偶像分享——谷爱凌视频介绍

谷爱凌的父亲是美国人，毕业于哈佛大学，母亲谷燕是北京人，毕业于斯坦福大学，曾是滑雪教练。她从小就时常随母亲回北京度假，加上谷燕特别重视对谷爱凌的中文和中国传统文化教育，因此，从小就流连于北京胡同里的谷爱凌不仅中文流利，绕口令也颇为地道，她也称自己是胡同里长大的北京妞。谷爱凌3岁第一次滑雪，8岁就进专业队，9岁就拿下全美联赛冠军，梦想是进入斯坦福大学，是滑雪运动员，是模特，也是学生。

2019年6月6日，15岁的谷爱凌通过个人社交媒体宣布自己正式转为中国国籍，并发文"中国自由式滑雪运动员谷爱凌报到"。据国际雪联（FIS）官网资料，2019年6月谷爱凌在FIS的注册国籍已经从美国变更为中国，代表中国冲击 2022 北京冬奥会。

因为滑雪训练，她需要用一年时间完成两年的高中课程，2020 年 10 月 19 日，谷爱凌接到美国高考 SAT 的成绩，SAT 满分为 1600 分，谷爱凌取得 1580 分，顺利被斯坦福大学录取。

她称小时候每周末需要驱车 4 个小时去雪场练习，这 4 个小时在车上，小时候是睡觉，长大后会写作业，用这些零碎的时间来完成必须做的任务，将学习和训练很好地平衡了起来。她兴趣很多，各类运动不在话下，还是最大模特公司的签约模特。她说这一切都是她感兴趣的，所以愿意去做。曾经在一个演讲上分享她成功的秘诀是睡觉，要保证自己每天有 10 个小时的睡眠时间，时间的管理在她的身上，让我都自愧不如，不是用更多的时间，而是能够以最高的效率抓紧每一刻时间完成喜欢的事情，一样也不能少。要知道她出生于 2003 年，今年才 18 岁，同你们相仿。

坚定的目标，什么都要做到最好，好的方法及超高的效率成就了现在的谷爱凌。你还在等什么？

设计意图：用同龄人的事迹激发学生内在动力，将励志的人作为自己的榜样，向榜样靠拢，深深感受到碎片时间的利用，可以让所有的兴趣爱好，不只是学习都蒸蒸日上，都有所进步。睡眠重要，身体重要，积极的心情饱满的状态也很重要。时间的利用，效率的提升会让自己感到幸福，目标的指引，方法助力，效率加持，梦想终能成为现实。同时旨在树立学生信念，少年强则国强，紧扣时事为冬奥加油！

环节六：让进步的目标显性化——目标树，从现在就行动起来

1. 问：马上要成为准高三生，你的目标是什么？——进步目标

将目标写到卡片上。

2. 问：为了实现这个目标，你想好怎么做了吗？——行动方法

回顾第一部分的学法指导。

3. 问：什么时间去做？——时间规划

回顾时间管理的方法。

此处 3 个问题都留白，给学生足够的时间去思考。

活动：每人发一张树叶卡片，让大家将第一个问题的目标写下来，最后贴到准备好的树干上，形成目标树。

设计意图：本节课最后的思考部分，通过三个问题让学生学会反向分解法，先有一个目标，再想为了完成这个目标我需要具备哪些能力和行为，我需要怎么做；再回顾今天的班会重点，选择方法，思考时间规划，来形成本节想达到的：目标→方法＋效率＝进步的完美闭环。同时，目标树是将目标显性化的有效手段，并且集聚大家的目标，寄予"当大家达成目标之时，也将成长为参天大树"的美好期望。

五、班会反思

开完这节班会，我有以下一些遗憾和不足，现进行反思，并给有兴趣开设相关班会课的班主任几点建议。

以下是我的反思情况：

（1）通过视频的形式让学生看到各科老师对学法的指导，学生都饶有兴趣，比课代表展示的效果好；

（2）通过谷爱凌的案例，在强调学法的共性的同时，也兼顾了学法的个性化，让同学们体会到别人的不一定照搬就可以成为自己的，但是通过思考一定可以找到适合自己的方法；

（3）在时间效率部分的介绍中，游戏体验的设置有些削弱重点，互动和主题间的关系应该继续加以思考；

（4）课堂留白的艺术会让学生去思考，后续也要每周拿出时间让

学生去思考，引领学生形成习惯，才能将这次班会的意图与效果继续延伸；

（5）目标树上，对于目标完成的跟踪后续也可以成为很好的班会素材或者班级榜样的素材。

以下是给出的几点建议：

（1）任课教师学法指导视频部分，因为时间有限，加上前期网课影响，老师们习惯用PPT讲。实际上，如果时间充裕的话，可以通过老师露脸讲，后期加字幕完成，视频效果更佳；

（2）学法指导课程的开展一定要围绕本班的实际学情开展，开展的活动也要根据班情设置与开展；

（3）关于计划的制订与展开，一定要在老师可以监督的情况下展开，形成完整、有效的书面材料，才能将本节课的目标落实好；

（4）根据班会的开设时间、学生的兴趣点等，将时间管理的实例进行切换；

（5）班主任的偶像分享，不必拘泥于名人或者学生知道的人，不知道的反而更佳，红色教育也可渗入其中。

第五章

谨慎能捕千秋蝉——"安全教育"主题班会

珍爱生命，平安相伴

——2019 人文外语 MT "安全教育" 主题班会

山东省青岛第二中学　于静　山川

一、背景分析

（一）学情分析

高中生处于好动、愿意探寻未知的年龄阶段，对于身边潜在的危险有一定了解，但没有系统学习过。安全无小事，在日常班会课中，灌输相关的安全知识，能够让学生树立安全意识，远离安全隐患。

（二）主题解析

青少年是祖国的希望和未来，学校安全教育工作搞得好坏，直接关系到广大学生能否健康成长，关系到广大群众的切身利益，关系到社会的稳定，关系到民族的兴旺和国家的前途。

我校每个月都会举行例行地震逃生演习，学生们对于地震的重视程度在逐步提高。但在生活中，潜在的危险还有许多，有的隐藏在日常生活中，有的会随着突发事件逼近。对于这些危险，学生们还不是能很好处理。故在本月例行地震逃生演习之后，开展安全教育主题班会，模拟多种危险情况，提升学生应对多种危险情况的能力。

二、班会目标

（1）认知目标：使学生掌握一些常见的安全常识，丰富学生的安全知识，能够熟练应对多种突发情况。

（2）情感目标：通过学习使学生树立自护、自救观念和意识，达到积极预防危险发生的目的，并提高学生基本自我保护的能力。

（3）行为目标：能够通过学习学会一些自救、救人、自我保护的措施和方法，能够在危险来临之时保护自己，救助他人。

三、班会准备

知识竞答题库、危机场景介绍卡片两套、PPT。

四、班会过程

环节一：班会引入、答题热场

师：恭喜大家刚从地震里逃脱，然后又回到了温暖的教室。每月一次的逃生演习给各位同学敲响了警钟，身边时刻都有可能突发危险事件。对于如何应对这种突发事件，同学们都清楚吗？现在，我们分成两个大组比赛，看谁掌握的安全知识多。获胜的队伍可以获得丰厚的奖励！

PPT展示答题规则：

1."挑战答题"共分为五个部分，共53道题。

2.所有题目均为抢答题，回答正确积1分，回答错误扣1分。

3.抢答方法为直接站起喊出答案。

4.若一班回答错误，则该班不可再抢答该题，另一班可继续抢答一次。

每班派出一位记分员，记录对方班级得分并监督场上情况。记分员不参与抢答。

以下是部分安全知识抢答题目：

（一）网络安全部分

1. 大学生小吴在网上以一个知名作家的名义写博客，但事先没有征得该作家同意。小吴应当承担（　　）。

    A. 侵权责任　　B. 违约责任　　C. 刑事责任　　D. 行政责任

2. 李某将同学张某的小说擅自发表在网络上，该行为（　　）。

    A. 不影响张某在出版社出版该小说，因此合法

    B. 侵犯了张某的著作权

    C. 并未给张某造成直接财产损失，因此合法

    D. 扩大了张某的知名度，应该鼓励

3. 如果您发现自己被手机短信或互联网站上的信息诈骗，应当及时向（　　）报案，以查处诈骗者，挽回经济损失。

    A. 消费者协会　　　　　　　　B. 电信监管机构

    C. 公安机关　　　　　　　　　D. 有关部门

4. 计算机刑事案件可由（　　）受理。

    A. 案发地市级公安机关公共信息网络安全监察部门

    B. 案发地市级公安机关治安部门

    C. 案发地当地县级（区、市）公安机关公共信息网络安全监察部门

    D. 案发地当地公安派出所

5. 故意制作、传播计算机病毒等破坏性程序，影响计算机系统正常运行，后果严重的，将受到（　　）处罚。

    A. 处五年以下有期徒刑或者拘役　　　B. 拘留十五日

    C. 处三千元以下罚金　　　　　　　　D. 口头警告

    ……

（二）交通安全部分

11. 遇有交通信号灯、交通标志或交通标线与交通警察的指挥不一致时，应（   ）。

  A.服从信号灯　　　　　　　B.服从交通警察指挥

  C.服从交通标志、标线　　　D.服从自己

12. 未满（   ）周岁的学生不驾驶电动自行车。

  A.12周岁　　　B.14周岁　　　C.16周岁　　　D.18周岁

13. 乘坐公共汽车的人（   ）。

  A.可以携带易燃、易爆等危险品

  B.不准携带易燃、易爆等危险品

  C.可以携带少量易燃、易爆等危险品

  D.不准携带任意物品

14. 在未设置非机动车信号灯和人行横道信号灯的路口，非机动车和行人应当如何通行？（   ）

  A.按照机动车信号灯的标识通行　　　B.直接快速通过

  C.等候没有机动车时再通过　　　　　D.凑成一堆后即可通过

15. 驾驶自行车、电动自行车、三轮车在路上横过机动车道，应当（   ）。

  A.下车推行　　　　　　　　　B.减速慢行

  C.可直接横过　　　　　　　　D.不得横过

……

（三）火电安全部分

21. 电脑着火了，应（   ）。

  A.迅速往电脑上泼水灭火

  B.用风把火吹灭

  C.拔掉电源后用湿棉被盖住电脑

D. 马上拨打火警电话，请消防队来灭火

22. 在公共娱乐场所，手提式灭火器的最大保护距离是（　　　）。

    A. 20 米　　　B. 25 米　　　C. 30 米　　　D. 35 米

23. 用灭火器灭火时，灭火器的喷射口应该对准火焰的（　　　）。

    A. 上部　　　B. 中部　　　C. 根部　　　D. 全部

24. 检查液化石油气管道或阀门泄漏的正确方法是（　　　）。

    A. 用鼻子嗅　　　　　　B. 用火试

    C. 用肥皂水涂抹　　　　D. 用试剂试

25. 据统计，火灾中死亡的人有80% 以上属于（　　　）。

    A. 被火直接烧死　　　　B. 烟气窒息致死

    C. 跳楼致死　　　　　　D. 惊吓致死

……

（四）国防安全部分

40. 人民防空警报分为：预先警报、空袭警报、解除警报三种。当空袭结束时，发出"解除警报"。解除警报为一长声，时间（　　　）分钟。

A. 1　　　　　B. 2　　　　　C. 3　　　　　D. 4

41. 违反国家保密规定，对涉密计算机信息系统中存储、处理或者传输的数据和应用程序进行删除、修改、增加的操作，后果严重的，构成（　　　）。

    A. 非法入侵计算机信息系统罪

    B. 破坏计算机信息系统罪

    C. 非法控制计算机信息系统罪

    D. 删除、修改、增加计算机信息系统数据和应用程序罪

42. 我国《兵役法》规定，年满（　　　）周岁的男性公民都必须按规定进行兵役登记，女性公民不进行兵役登记。

    A. 16　　　　B. 17　　　　C. 18　　　　D. 20

43. 兵役法规定我国公民的合法服兵役的最高年龄限制是（　　）。

    A. 16 岁　　　B. 18 岁　　　C. 22 岁　　　D. 23 岁

44. 违反《中华人民共和国保守国家秘密法》的规定，过失泄露国家秘密，情节严重的，应当（　　）。

    A. 追究刑事责任　　　　　　　　B. 进行批评教育

    C. 给予党纪、政纪处分　　　　　D. 追究民事责任

……

（五）常识部分

51. 对正在进行中的下列哪一种行为可以进行正当防卫？（　　）

    A. 殴打行为　　　　　　　　　　B. 诽谤行为

    C. 诬告陷害行为　　　　　　　　D. 贪污行为

52. 在野外旅游时，如果骨折要怎么办？（　　）

    A. 不需要处理，照常行动

    B. 用夹板固定后，再用冰冷敷

    C. 自己进行复位处理

    D. 持续冲洗伤口

53. 被狗咬伤后应该怎么办？（　　）

    A. 咬回去

    B. 查看狗是否是疯狗，如果不是则不用处理

    C. 用肥皂水冲洗伤口后用牒酒消毒，然后注射狂犬疫苗

    D. 在伤口上贴创可贴

【答题环节分为网络安全、交通安全、火电安全、国防安全、常识问题五个部分，通过 53 道题的竞答，根据两个班级的得分分发小礼品】

设计意图：通过安全知识竞赛抢答形式，让学生了解更多的安全知识，为后面的活动做好铺垫。

环节二：情景重现，学生展示

师：通过刚才的竞答，可以看到各位同学的安全知识掌握得还不错。但是光说不练假把式，如果只知道理论，就会出现遇到突发事件时，手足无措，不知道如何处理的情况。接下来我们的班会要通过情境表演，检验一下同学们危急时刻的反应和急救措施。

现在我们要分成三个小组，组长上台抽取情景卡，五分钟的讨论时间过后，将情境表演出来。让我们看一下哪个小组处理得最符合实际，能让伤害最小化。其他同学在台下分析上台表演的小组处理的方式正确与否，同时思考如果遇到这种情况，你会怎么做。

PPT 展示表演规则：

1. 每班分为三组，随机抽签决定顺序以及场景。

2. 抽签后有 5 分钟的准备时间，按照抽签顺序依次进行情景重现。

3. 每组上场人数不限，情景重现时间限定 5 分钟以内。

4. 其他小组观看时思考以下问题：

（1）他们处理的方式正确吗？

（2）还有其他处理的方式吗？

5. 表演优秀的小组会有神秘奖品相送！

【场景 1】

在冬日的某一天，刚吃完晚饭的你打算欣赏一下学校美丽的雪景。结了冰的无之海反射的月光异常美丽。定睛一看，你的同学 A 正在湖面上肆意地溜冰。"这样不是很危险吗？"这样想的你打算过去提醒一下同学 A。"哎呀，扑通——"突然两声巨响，你看到 A 掉了下去。"得赶紧救他！"

【场景 2】

假期的某一天，早起的你边刷牙边看着窗外。"早起的鸟儿有虫吃，今天也要努力学习！"你这么想着，开心地刷着牙。但是你发现窗外的风景跟平时有点儿不同，楼下在往上冒浓浓的黑烟！"完了，楼下着火了！可是我家住在18楼啊，我该怎么办？"（注：共32层，有电梯）

【场景3】

十一国庆假期的某一天，秋高气爽的天气正适合登山旅游，故你与A、B、C三个小伙伴相约一起去崂山游玩。一时激动，你们选择了一条无人去过的野路登山。天气渐凉，光线渐暗，你们久久没有登到山顶。"我们好像迷路了……"A有点儿担心，"拿手机看看地图就知道方位了，不过这里没信号啊！"B有点儿急躁。这个时候，最有领导能力的C站了出来："这个时候就靠我们自己走出困境了！来，我们往这走……哎呀！"C一个不小心，从一个斜坡上摔了下来。在这没有信号、又迷路了、队友还受伤的情况下，你该怎么办？

图1　学生表演

【学生讨论，教师做知识性总结，提醒学生逃生注意事项】

（PPT展示）

落水救援方法；溺水急救方法；高层逃生方法；登山迷路自救方法。

师：三个场景分别模拟了滑冰溺水、高层火灾、登山迷路三种危机情况。生活中总有一些突发事件，这些突发事件并不可怕，可怕的是没有自救互救的意识和解决问题的能力。今天我们的目的便是培养大家的这种意识和能力，在紧急时刻我们能用自己的经验和知识去保护自己和他人的生命。

设计意图：通过具体情境的设计和学生表演，让学生在模拟情境中开动脑筋，想方设法运用所学急救知识来进行自救和救人，通过老师最后的总结，系统学习三种危急情况中进行救援的知识。

环节三：结语

我们的生命是宝贵的，也是脆弱的，一次小小的意外就可能吹破生命那张薄弱的纸。一点点烛光可能很微弱，寒风、冷雨会将它随时浇熄，但如果我们将它捧在手心，细心呵护，那一点儿微弱的烛光就可能照亮整个世界。

让我们把心中的温暖献给这美丽的生命吧！

五、班会反思

安全教育作为教育中颇为重要的一环，也是教育中的重要组成部分。学生也已经在多种场合进行过了多次安全主题教育，多次相同的强化导致了学生对于安全教育的重视性有所下降。所以，在本次班会的设计上设计了与单纯的说教不同的两种安全教育的方式，激发学生自己印象中的应对方式，教师再给予指正，起到更好的教育效果。

在本次班会中，基本完成了制定的班会目标——让学生掌握常见的安全常识，丰富安全知识并且能够较为熟练应对多种突发情况，并且在两个环节当中，学生的参与度都很高。在"挑战答题"环节中学生积极抢答活跃了班会的氛围，既让学生学习了安全知识，也培养了学生积极发言的能力；在"情景重现"环节中，学生们通过生动的演绎，以不同的方式处理了预设的突发情况，增强了学生的表演欲，并提高了学生的动手能力，发现问题以及解决问题的能力。

不过在本次班会中，还存在着一些不足。一是导入环节设计不够，通过前言直接引入到答题环节较为生硬，如果能通过一些实际案例进行导入，效果可能会更好；二是在设计中计划的学生点评补充由于时间及现场因素并没有进行，这也是一个小小的遗憾，如果能让学生在这个环节产生思维的碰撞，教育的效果可能会更好；三是全场主持均由老师来担任，如果让学生进行主持效果应该会更好，这样能更好地培养学生的组织能力，也会让更多学生积极参与到班会里来，体现学生的主体性。

班会点评：

安全教育一直是学校工作的重中之重，学校每个月会有一次逃生演习，平常学生也会通过班会课或者安全教育平台获得一些安全知识。如何让学生在日常生活中更加重视安全问题，能够把所学的知识活学活用？我们特设计了这样一堂以"安全教育"为主题的班会课。本节班会课有如下特点：

（1）激趣性：教师通过安全知识竞赛，激发学生兴趣，让学生在问答中掌握网络安全、交通安全、火电安全、国防安全等安全常识。

（2）情境性：选取跟学生平常生活相关的案例，如校园落水、高层失火、爬山迷路等。并且通过具体情境的实际演绎，使学生学会关注生活、热爱生活，获得遇到危险时自救、求助的一些常识。

（3）实用性：无论是抢答题的选择还是情境短剧，都跟学生的日常息息相关。安全教育从只重视学生的知识结构的培养到关注学生的具体生活和直接经验，从而使教学活动生活性、开放性、活动性得到充分体现。

与安全一起游泳
——"防溺水"主题班会

山东省青岛第十九中学　陈阳

一、背景分析

（一）学情分析

防溺水是学生安全问题中的必修课，学生对防溺水有一定的了解，但是防溺水的安全意识需要进一步提高，防溺水安全的有关知识需要进一步完善，自防自救能力需要进一步提高。

（二）主题解析

生命来之不易，学生安全工作是学校工作的一项重要内容。作为一名教师，学生安全问题也是我们非常关注的问题。近年来，学生溺水事故屡有发生，造成了很多家庭和社会的悲剧，因此开展一堂防溺水主题班会课，提高学生防溺水的安全意识、提高学生自防自救能力就显得非常重要。

二、班会目标

（1）认知目标：让学生了解溺水的主要原因，了解生命的来之不易，强化防溺水意识。

（2）情感目标：让学生感悟生命的美好，深化防溺水安全教育。

（3）行为目标：学习自救知识，提高安全防范意识，提高自防自救能力。

三、班会准备

（一）学生准备

查阅近期发生的溺水事故并汇总，排练情境演绎，查阅溺水后自救的有关知识。

（二）教师准备

做好防溺水班会素材的收集，整体设计构思班会的环节与问题等，制作课堂PPT。

四、班会过程

环节一：溺水事故知多少

（一）新闻播报，导入新课（学生模拟《新闻联播》播报）

夏季到来，游泳成为许多孩子防暑降温的方式，但是游泳安全却是我们不能忽视的问题，否则一桩桩家庭悲剧将一幕幕上演。

5月4日下午，灵山县有8名初中生到该县天顶山水库游泳，其中4人发生溺水，4人已被打捞起，但不幸均已无生命迹象。

7月2日，广东紫金县，3名男生到水库游泳，其中1人不幸溺亡。

7月3日，江西赣州市，1名9岁男孩在水上乐园玩耍时，不幸溺亡。

7月4日，河南周口市，5名孩子河中溺水，其中4人被救上岸，另1人不幸溺亡。

7月5日，浙江永康市，2名孩子溺水，1死1失踪。

7月7日，山西永济市蒲州镇6名学生放假去黄河边玩都被洪水冲走，截至7月9日16时30分，共搜寻出5名失联学生，均无生命体征。

防暑降温固然重要，但生命安全我们要时刻牢记。（同时播放以上有关救援现场照片）

（二）问题思考

老师：听了这些实例，在座的每一位同学都不会感到轻松，我们都为这些在意外溺亡事故当中逝去的生命惋惜、遗憾。那么，此时此刻大家心里在想些什么？请大家谈谈自己的看法。

学生发表自己的看法、感想。

老师总结：溺水事故频频发生，悲剧总是在不断上演，造成悲剧的原因需要我们认真思考。思想上我们要高度重视，做到珍爱自己的生命，主动远离危险。

（三）憋气体验

下面邀请几位同学进行憋气比赛，并分享感受。（提前放置盛有水的脸盆，邀请三位同学进行憋气比赛）

学生憋气比赛结束，分享自身感受。

老师：脸盆虽小水浅薄，真实感受挠心窝。刚才几位同学给我们分享了憋气的感受，每位同学憋气的时间都是有一定上限的，当我们发生溺亡事故的时候，留给我们救助的时间已经不多了，所以我们要从源头上做起，提高安全意识，防止溺水事故的发生。几位同学还为大家精心准备了一场生活场景类的表演，下面请大家观看由同学带来的生活场景的演绎片段。

设计意图：以《新闻联播》播报的形式让学生深切感受溺水事故发生的普遍性，让学生形成安全意识，时刻提醒自我。同时，让学生从憋气体验入手，增强学生的切身感受。除此之外，设计问题让学生谈自己内心的想法感受并分享，提高学生的安全和防范意识。

环节二：溺水情境演绎

三名同学演绎生活案例：

暑假期间，天气炎热，王明、李刚、李华（李刚的弟弟）在树下乘凉。

王明：今天天气太热了，咱们去××水库游泳吧。

李刚：可以啊，正好洗洗澡凉快凉快，弟弟你也去吧（摸着李华的头）。

李华：××水库很少有人过去，你俩年龄比我大，水性也比我好，我还是别去了吧。

李刚：哥的话你也不听了？放心吧，有哥在，保你安全。

李华：那好吧。

（三人来到了××水库边）王明摸了摸水：水可真凉啊，下去肯定很爽。说着他就脱衣跳进了水库，并说：我先使劲往对岸游，你们一会来追我。说完他就迅速地往对岸游去。

李刚：好，我不喜欢迅速入水，太凉了，我先做做准备活动，你先游着，我马上下来，弟弟你也快点吧。

李华：我看水太深了，我水性不好，太危险了，我在岸上等你们吧。

李刚：好吧，那我下去游了，你这个胆小鬼。

这时，他们突然听到王明的呼喊：快来帮帮我，我不行了。

李刚听到呼喊后回应：坚持住，我来救你。一个箭步就冲入水中，游到王明身边，想要托着王明往岸上游，但是似乎是精疲力竭，两人慢慢往水下沉。李华在岸边有点儿不知所措。

设计意图：以身边人演身边事，以生活中的真实场景为例，以生活情境演绎的形式表现出来，既提高了学生的参与度和参与热情，同时，更能让学生感触事件发生的真实性，感受溺亡事故就发生在自己的身边。

环节三：出谋划策

（一）问题思考（溺水原因）

老师：看了以上生活中出现的情境，请同学们小组讨论3分钟，寻找一下王明和李刚两位同学溺水的原因可能有哪些。

学生小组讨论交流、总结发言。

答案预设：他们去了人烟稀少的水库游泳，对水库状况不了解，王明没有进行热身，对自己太过自信，游泳时产生疲劳导致抽筋，盲目游入深水；李刚虽然水性好，但是不具备救人的常识，没有进行过专业的培训。

（二）问题思考（游泳时遵守的原则）

老师：基于以上王明和李刚两位同学出现的问题，关于游泳我们需要遵守哪些方面的原则？

学生小组讨论3分钟交流、总结发言。

答案预设：未经过家长、老师的同意不去游泳，不熟悉的湖泊不去游泳，没有成年人监护的情况下不去游泳，深水的地方不去游泳。当遇到别人出现险情的情况，不盲目救援。

（三）问题思考（自救的方法）

老师：此时此刻，如果你是王明，在即将溺水的情况下你应当怎么进行自救？

学生小组讨论3分钟交流、总结发言。

答案预设：发现周围有人时立即呼救；若身体疲劳了，放松全身让身体漂浮在水面上；身体下沉时，可将手掌向下压；若腿部发生了抽筋，周围无人可深吸一口气潜入水中，将腿伸直，用手将脚趾向上扳来缓解抽筋。

老师：同学们的交流非常好，下面我们来看一则视频，看一下如果溺水了，我们应当如何自救。（播放视频）

（四）问题思考（救助他人的方法）

老师：以上就是自救的方法，遇到险情的李华在岸边不知所措，如果遇到险情的是你，考虑一下你应当如何做。

学生小组讨论3分钟交流、总结发言。

答案预设：大声呼救，请大人营救，不盲目营救；迅速拨打119（110）救援电话，然后拨打120急救电话；有条件的抛下救生圈等救援设备；救上岸后清除口腔口鼻等的杂物，按压腹部，使水倒出，做胸外心脏按压和人工呼吸。

老师：如果遇到紧急情况，大家要学会自救和救助他人。刚才在播报中提到的山西永济溺亡的6个孩子的事件中还有这样一个细节，6个孩子中其中两个溺水的孩子曾成功逃生，可万幸脱离危险的他们回过头，看到还有4个小伙伴仍在水中拼命挣扎，虽惊魂未定，却放不下尚未躲过死神的朋友，他们赶紧返回水中救人，结果又被河水吞噬，再也没有起来。

（五）问题思考（如何避免溺水）

老师：珍爱生命，预防溺水，夏季已经到了，如何避免溺水事故的发生呢？

答案预设：未经家长、老师同意不去游泳；不要在标示禁止戏水的区域游泳，不可单独游泳；做好游泳前准备工作，根据自己的体力和能力量力而行。

老师：生命只有一次，提高安全意识，珍惜生命，预防溺水。一个孩子的溺亡会让整个家庭陷入悲痛，幸福的家庭从此支离破碎，我们不能明知危险还是去做，我们要考虑失去亲人的人是有多么痛苦。安全不是个人的问题，而是一个家庭、学校甚至是社会都要为你承担的问题。

设计意图：以五个问题引领本环节，让学生从溺水的原因、游泳时应遵守的原则、自救、救助他人、避免溺水等五个方面综合考虑分析，提高学生的安全意识和救护的能力。

环节四：颂救人英雄事迹

2019年3月12日下午，广东省梅州市退伍在家的李淦伦在救援落水者的过程中不幸牺牲；2021年7月10日下午，黑龙江省哈尔滨市木兰县抗洪胜利纪念塔西侧松花江江畔一名13岁男孩儿溺水，路过该地的17岁少年看到有人溺水，于是慌忙下去营救，结果不幸双双遇险；2021年3月31日，一名15岁少年想不开跳河欲轻生，32岁的张亚坤毫不犹豫地跳河救人，少年被成功救起，张亚坤却不幸溺水而亡，留下了自己的妻子，还有3个孩子；青岛东海路天林花园海岸边有一处纪念石，是记录救人英雄葛路的，2002年6月24日下午2时许，葛路营救被巨浪卷进大海的女青年英勇牺牲，生命永远定格在此处。（播放有关照片内容）

逃生是本能，返回救人是善良，只是在汹涌的水流里，人也无能为力。一切善良的前提，是爱自己的生命，尽可能帮助别人，不是牺牲自己。因救援而发生溺亡的悲剧每年都会发生，在此我们向所有救人英雄致以最崇高的敬意。同时，同学们也应当意识到，现阶段大家还不具备专业的救援溺水者的能力，我们要学会用正确的方式方法营救溺水者。除此之外，我们国家现在成立了很多救援的民间组织，像大家熟悉的蓝天救援队等，他们也为我们的安全做出了很大的贡献。（播放蓝天救援队的有关视频）

其实，我们生活中的安全问题不只是溺水安全，还有像交通安全、财产安全、饮食安全等问题，要想保障安全，最根本的是要远离危险，同时要时刻保持安全警戒线。如果遇到危险应采用正确的方法救援，生命只有一次，保护他人，同时也爱护自己，愿我们今后的每一位同学都健康茁壮成长。

五、班会反思

（1）"安全主题"班会课与每位学生息息相关，并且学生对相关内容都有一定程度的了解，容易激发学生的热情。

（2）学生活动注重体验，以《新闻联播》、情境演绎的形式极大提高了学生的参与度。

（3）选取身边人、身边事，更容易引起学生的共鸣。

第六章

位卑未敢忘忧国——"家国情怀"主题班会

牢记历史，逐梦前行

青岛西海岸新区育才初级中学　袁洋

一、背景分析

（一）社会层面

2021 年 10 月 25 日是抗美援朝 71 周年纪念日。71 年前，中国人民志愿军跨过鸭绿江，赴朝作战，同朝鲜人民和军队一道，历经两年零 9 个月的浴血奋战，最终赢得了抗美援朝战争的伟大胜利。

（二）学生层面

爱国主义是中华民族精神的核心，对青少年来说，热爱祖国是立身之本，成才之基。初中生作为祖国的未来、民族的希望，应该承担起继承和发扬民族优良传统的责任，将爱国主义继承和发扬下去。

二、班会目标

（1）认知目标：通过对抗美援朝历史事件的了解，结合热播电影《长津湖》，使学生认识到战争的残酷和胜利的来之不易。

（2）情感目标：学习志愿军战士顽强拼搏、勇于攻坚克难的优秀品质，学习他们不抛弃、不放弃的精神。

（3）行为目标：作为学生要树立爱国主义精神，在日常的学习生活上要不畏艰难、顽强拼搏，战胜学习生活中的各种困难，用实际行动建强我们伟大的祖国。

三、班会准备

（一）学生准备

学生针对抗美援朝这一历史事件，展开小组调查，并将整理的材料制成 PPT 进行分享。

设计"讨论区"：①在战力相差如此之大的情况下，中国人民志愿军是如何取得胜利的？②在我们身边都发生过哪些爱国事件？作为初中生，对于爱国，我们能做哪些事？

（二）教师准备

做好历史素材的收集，筛选整理各组材料，制作 PPT。

四、班会过程

环节一：播放抗美援朝相关视频，引出主题

导语：

山河已无恙，英雄须铭记。71 年前的这段历史对于我们来说有些久远但并不陌生，但这一战，拼来了家国安宁，和平年代的我们更要牢记历史。今天就让我们一起走进这段历史，在历史的长河中感受中国人民志愿军的爱国情怀。

设计意图：通过播放视频激发学生的学习兴趣，为后面的环节做铺垫。

环节二：了解抗美援朝的起因、过程及结果

小组讨论：关于抗美援朝，你都查阅了哪些材料？通过这些材料，你认为志愿军是如何取得最终胜利的？小组内进行讨论，自荐一个小组上台分享。

同学们刚才的讨论都很热烈，下面有请第一小组上台进行分享。

（学生上台，PPT 展示）

（1）学生 A 播放了抗美援朝起因的相关视频："一颗颗炮弹径直落下，房屋被炸毁，空中，美军的轰炸机群呼啸而过。这是 1950 年 10 月的丹东，美国不顾中国政府的多次警告，越过三八线，入侵中国领空，轰炸丹东地区，并公然声称，在历史上，鸭绿江并不是中朝两国截然划分、不可逾越的障碍。"

（2）学生 B 分享了抗美援朝的起因和中国的应变，时任中华人民共和国主席的毛泽东在中共中央书记会议上这样说道："如果我们对朝鲜问题置之不理，美国必然得寸进尺，走日本侵略中国的老路，甚至比日本搞得还凶。它要把三把尖刀插在中国的身上：从朝鲜一把刀插在我国的头上，从台湾一把刀插在我国的腰上，从越南一把刀插在我国的脚下。天下有变，它就从三个方向向我们进攻。那我们就被动了。所以，打得一拳开，免得百拳来。抗美援朝，就是保家卫国。"

（3）学生 C 分享了抗美援朝战场上中美战力对比：军事装备数据对比——空军对比 1∶3.6、海军对比 0∶100、机械化部队对比 0∶1000，国力数据对比——国民生产总值对比 1∶15、钢产量对比 1∶146、粮食产量对比 1∶1.4、人均粮食产量对比 1∶5。

问：在战力相差如此之大的情况下，志愿军最终取得了战争的胜利，从他们的身上我们能够学到哪些？

是逆境中不服输的勇气，绝境中不放弃的坚持。

设计意图：通过了解抗美援朝的历史，让学生认识到人民志愿军当时面临的困境和面对困境所付出的努力。

环节三：以抗美援朝中"冰雕连"的事迹为主，让学生体会战争的无情和中国人民志愿军对胜利的执着

下面有请第二小组上台进行分享。

（学生上台，PPT展示）

（1）学生D展示了一组照片："一排排志愿军战士，仰卧在零下40摄氏度的阵地上，仿佛冰雕的群像，他们以战斗队形散开，卧倒在雪地中，人人都是手持武器的姿态，怒目注视着前方，没有一个人向后。"他们是人民军队历史上最为悲壮的"冰雕连"，后来，在战后打扫战场时，有人发现了烈士宋阿毛留下的一张卡片，上面写着："我爱亲人和祖国，更爱我的荣誉，我是一名光荣的志愿军战士，冰雪啊，我绝不屈服于你，哪怕是冻死，我也要高傲地耸立在我的阵地上。"

（2）学生E和几个同学一起排练了作品《生命的冰雕》，用朗诵的方式去赞美和铭记这一段历史：

> 我用泪水收藏了这段视频
>
> 我的泪水不会结冰，它很热很热
>
> 热得能融化70年前的那场大雪
>
> 伏击战中，那些中国军人
>
> 以血肉之躯抗衡着零下30度的严寒
>
> 他们执行命令，卧在冰雪里
>
> 等待出击的军号声
>
> 他们的手指，还勾在步枪的扳机上
>
> 眼睛还死死地盯着前方
>
> 他们卧倒在前沿，就没再起身
>
> 冻僵了身体，也绝不移动一下
>
> 我知道，他们不是一下子就冻僵的

肉体一点点冷却，血液一点点凝固

这个过程是怎样的一种煎熬

意志和必胜的信念，坚定支撑

祖国的利益和崇高的情怀

冰雪的肆虐被他们彻底击退

我看见，他们依然保持战斗的姿势

朝鲜的冬天因这些罕见的冰雕更加寒冷

而在隔江相望的中国，则因此热血沸腾

这是一组英雄的群像，赢得了全世界的尊重

这是对中国军人的尊重，这是对中华民族的尊重

美国人第一次输掉了战争，在这些冰雕面前，他们被完全击溃

这是一支不呼吸也能震慑强敌的军队

我突然明白，今天享受的这一切

都是来自那里，那飞雪塑成的冰雕，那有着珠穆朗玛峰高度的精神高地

设计意图：以抗美援朝中"冰雕连"的事迹突显战争的残酷和胜利的来之不易，零下40摄氏度的环境冷不冷？答案是肯定的，但是他们还是坚持下来了，凭借的正是强大的意志力，而今天的初中生更应该学习先辈们不屈不挠、艰苦奋斗的精神，把梦想付诸行动。

环节四：以毛岸英奔赴战场，体会毛泽东主席的大爱；从千千万万的中华儿女毅然投入战斗，体会大爱情怀

1. 下面有请第三小组上台进行分享

（学生上台，PPT展示）

学生F播放了一组视频，视频解说，毛主席连夜召见彭德怀司令，决定任命彭总为此次战争的总司令，在危急存亡时刻，彭总也毅然决然地接受了组织的安排，在完成紧急会面之后，彭总要回去安排事情。但

是彭总却被毛岸英给截下了，他对彭总说自己想当他的第一个兵。彭总听到这连连拒绝毛岸英，说战场不是儿戏，要去打仗的，你不能去。毛岸英非常坚持，他说千千万万的子弟兵都能去，我为什么不能去。就在毛岸英和彭总两个人僵持不下的时候，毛主席从屋子中走了出来，缓缓地说让他去吧，就这样毛岸英成为第一个志愿军。

2. 问：看到视频和照片，你有什么感想？请大家小组讨论一下，推举 1 名代表回答。

学生 A 回答：看了视频，我感受到了毛主席舍小家为大家的家国情怀，战争是残酷的，作为一位父亲，他没有把毛岸英留在身边，而是选择尊重他的意见。视频里，当毛泽东得知毛岸英牺牲的消息，他说："打仗总是要死人的。中国人民志愿军已经献出了那么多指战员的生命，他们的牺牲是光荣的。岸英是一个普通战士，不要因为是我的儿子，就当作一件大事。"看着院落里毛主席久久站立的身影，我的心里不由得生出钦佩之情。

设计意图："繁霜尽是心头血，洒向千峰秋叶丹。"仰望毛泽东一家满门英烈，朴实却激荡人心的话语铿锵入耳，家国情怀的大爱无疆，早已融入 14 亿中国人的心灵和血脉，化作支撑中华民族生生不息、薪火相传的重要精神力量。战争面前谁都不能独善其身，有多少中华儿女义无反顾奔向战场，他们又是谁的儿子、谁的女儿、谁的父亲、谁的母亲，正是因为他们的大爱，才有了我们今天的美好生活，通过这一环节，希望同学们都能珍惜今天来之不易的幸福。

环节五：从一颗冻土豆把爱国衍生到身边具体的事情上

1. 请第四小组上台进行分享

（学生上台，PPT 展示）

（1）学生 H 展示了一组照片，一幅照片里，"志愿军的手里放着三颗黝黑的土豆"；另一幅照片里，"志愿军战士正在啃着被冻得僵硬，宛如石头般的土豆"。

（2）学生 G 假期和家人一起观看了《长津湖》，对其中志愿军战士在冰天雪地里啃食冻土豆的场景记忆犹深，所以第四组的同学特地为班内的同学准备了冻土豆，通过这种"忆苦思甜"的方式，让同学们珍惜来之不易的幸福生活。

（3）学生 B 在品尝完冻土豆后，这样说：吃冻土豆的感觉就像是吃冰块一样，根本咬不动，在零下 40 摄氏度的环境下，一个冻土豆就是志愿军无比珍贵的食物，亲身感受过"冻土豆"的坚硬后，才能更深刻地感受到中华民族不畏强暴、敢于斗争的可贵精神。

2. 小组讨论

战争离我们太远，一个冻土豆让我们感受到了抗美援朝时期中国志愿军作战条件的艰苦。请大家想一想，在我们身边，有哪些爱国事件，有哪些爱国行为？小组内进行讨论，每组推荐 1 名同学发言。

学生 A 发言：一提到爱国，我的脑海里便浮现出这样几句话："热爱祖国，热爱人民""爱国无大小事之分"。我们生活在这和平的时代，更应该珍惜这来之不易的和平和繁荣，比如我们学校开展的"光盘行动"，作为祖国的花朵、祖国的未来，我们更应该行动起来，支持"光盘行动"，反对浪费，提倡节约。

我是团支书，专门负责检查级部的光盘行动，自从学校开展光盘行动以来，同学们浪费粮食的情况有了非常明显的改善，对于个别浪费的情况，在我的督促下，都能立刻回到自己的位子上，把剩下的饭全部吃干净。

爱国从身边的小事做起，爱国从我做起。爱国不是口号，与其在那喊口号，不如切切实实从身边的点滴做起，用自己的实际行动来爱国。爱国，我从珍惜粮食做起。

学生 B 发言：爱国要从小事做起，时刻规范自己的行为。比如，我们在升国旗时，初一的少先队员要行队礼，初二、初三的同学要行注目礼；日常生活中要爱护团徽，为自己是共青团的一员而感到骄傲；我们要做一个合格的公民，热爱环境，不乱扔垃圾；我们更应该努力学习，以优异的成绩来报效祖国。

设计意图：爱国不都是轰轰烈烈的，爱国，可以是件很细微的小事。只要我们付出自己的劳动、智慧和精力给我们的事业、团队和岗位，就是爱国。只要爱自己的事业、岗位，每一个人能把自己的岗位工作做好了，老师教好学生，学生学习好，这就是爱国！结尾处联系学生自身，将爱国细化到身边的点滴上。

五、班会反思

（1）班会课一定要从学生的生活中来，再到学生的生活中去，并给予拓展。

（2）班会课要重视学生的参与感，要培养学生搜集信息的兴趣和能力。

（3）有效利用视频、图片、朗诵等形式会让班会内容丰富，有感染力，课前视频能帮助预设生成部分学生的思考。

（4）利用当下热播电影等题材，更容易激发学生的学习兴趣，提高学生的参与热情。

怀长津湖战役，传"冰雕连"精神

山东省青岛第十九中学　陈阳

一、背景分析

（一）学情分析

学生对抗美援朝战争都非常熟知，知道先辈们为战争胜利付出了心血，但是对实际战况的惨烈程度了解不够深入。学生身处和平、幸福的时代，对先辈饱受的战苦和生活的辛苦体会不够深刻；对参加抗美援朝战役的意义理解不深；部分学生对先辈们保家卫国的爱国主义情怀理解不够透彻。

（二）主题解析

2021年正值中国共产党建党一百周年，回顾这百年历史，是一部奋斗史，也是一部血泪史，是中国共产党人用鲜血和生命堆砌了这百年历史征程。在中国共产党成立百年之际，让学生重温党的不平凡历史，了解先辈为祖国和平统一所付出的生命代价，对培养学生崇高的爱国主义情怀有深远影响。本节课通过长津湖战役，让学生了解战役的惨烈，感受战士们保家卫国、视死如归的爱国情怀，培养学生的爱国主义精神，为新时代社会主义伟大目标而努力奋斗。

二、班会目标

（1）认知目标：了解长津湖战役的惨烈和战士们为保家卫国所付出的巨大牺牲。

（2）情感目标：感受战士们保家卫国、视死如归的精神，培养学生的爱国主义情怀。

（3）行为目标：激励学生奋发图强、努力学习，为新时代社会主义伟大目标而努力奋斗。

三、班会准备

（一）学生准备

学生利用假期时间观看电影《长津湖》或收集关于长津湖战役的有关材料，包括战役的背景、过程等，同时在观看电影或收集资料后写一篇关于长津湖战役的感悟。

（二）教师准备

做好长津湖战役素材的搜集，设计班会的环节与问题等，制作 PPT。

四、班会过程

环节一：知"冰雕连"精神

（一）导语

10 月 1 日期间的一部电影《长津湖》，将我们再一次带到那个为了和平、为了人民幸福而浴血奋战的年代。《长津湖》这部电影很多同学都看过或者收集了有关材料，今天这次班会，我们就以"怀长津湖战役，传'冰雕连'精神"为主题，深切感受一下长津湖战役的惨烈和带给我们的启示。下面我们首先来观看一小段电影宣传片。

（二）播放电影《长津湖》宣传片

（三）问题思考

电影《长津湖》中有哪几个情节是让你印象非常深刻的？为什么？

答案预设：吃冻土豆、冰雕连。

（四）回忆历史

（1）学生分享查阅的长津湖战役有关材料

中国人民志愿军第9兵团3个军在艰难条件下于1950年11月27日至12月24日在长津湖地区，创造了抗美援朝中全歼美军一整团的纪录，成为朝鲜战争的拐点。志愿军由于紧急入朝，没能配备御寒冬装，志愿军第9兵团在战役中冻伤28 954人，冻死4000余人。1950年11月下旬，长津湖战役中，美军逃跑途中被这样的景象震惊：一排排志愿军战士俯卧在零下40摄氏度的阵地上，手握钢枪和手榴弹，保持着战斗队形，仿佛是跃然而起的"冰雕"群像，这是中国人民志愿军被冻死的壮烈场面。从此，"冰雕连"成为一座精神丰碑，被载入军史。

（2）老兵回忆录

教师：战争的惨烈程度远远超过了我们的想象，无数的战士牺牲，无数的战士被活活冻死，仍然保持着战斗的队形。以上是同学们查阅的有关资料，下面让我们来听一听当年参加过长津湖战役的志愿军爷爷的经历和切身感受。

播放志愿军周全弟长津湖战役回忆录。（志愿军老兵的长津湖回忆）

（3）战役难易

教师：请同学们结合以上同学的分享、志愿军老兵的回忆和自己查阅的材料，总结一下长津湖战役对志愿军来说有多难。（从军事力量的对比、志愿军装备和客观的天气条件等方面）

学生：小组讨论，回答有关问题。

教师：同学们，长津湖战役非常惨烈，战争非常艰难。那么请同学们小组讨论一下，在军事力量对比如此悬殊、条件如此艰难的情况下，我们为什么要打这场战争？下面给大家3分钟时间小组讨论。

答案预设：不打抗美援朝战争，美帝国主义将会在中国身上插三把刀，从朝鲜一把刀插在我国的头上，从台湾一把刀插在我国的腰上，从越南一把刀插在我们的脚上，它可以从三个方面向我们进攻，那我们就被动了。打得一拳开，免得百拳来。我们抗美援朝，就是保家卫国，如果这场战争中国不主动打出去，那结果就是我们将会陷入战略被动，中国人民不但会再遭战争之苦难，甚至可能像朝鲜和韩国那样被分裂成两个"中国"。

设计意图：重温历史，学生查阅资料了解长津湖战役的惨烈和战士们为保家卫国所付出的巨大牺牲；播放志愿军老兵的回忆录，以真实的人物和事件带领同学们走进那段艰难的战役，让学生切身感受战士们保家卫国、视死如归的精神，培养学生的爱国主义情怀。

环节二：赞"冰雕连"精神

（一）问题思考

教师：在军事力量对比如此悬殊、条件如此艰难的情况下，我们为什么还能赢得这场战役的胜利？

答案预设：即使军事装备极度落后，仍然可以凭借强大的思想意志战胜敌人；抱着视死如归的心态，不怕苦不怕牺牲；为了胜利，为了后代的幸福，英勇战斗。

　　教师：我们从志愿军身上学到了哪些宝贵的品质？

　　答案预设：强大的意志力、不畏艰苦、英勇奋斗、热爱祖国……

（二）：学生表演朗诵节目（诗作者：孙月龙）

从南方到北方的突袭

军令如山，日夜前行

我们是人民的军队

保家护国就是我们的职责

从炎热到严寒的洗礼

实战，培训，模拟，演习

执行命令，奋勇杀敌

每位战士都是一座座铜墙铁壁

从和平到战争的被迫

中国军队不喜欢战争

但是你非要侵略，非要独立

我们有能力完成最致命的打击

从协防到进攻的严密

没有棉衣，忠诚包裹血肉之躯

没有弹药，肉搏近战英勇杀敌

即使弹尽粮绝，我们也会驻守高地

也要变成冰雕战士怒视仇敌

一起，为亲爱的战友鼓劲

一起，唱起军歌欢庆胜利

我们是中国的脊梁，神州的地基

（三）节目表演

刚才同学们都分享得非常好，努力学习，遇到困难不退缩；热爱祖国，守护好先辈为我们打下的这一片国泰民安、山河无恙。正如歌曲《万疆》中所描绘的：红日升在东方，其大道满霞光，我何其幸，生于你怀，承一脉血流淌，难同当，福共享，挺立起了脊梁。下面跟随××同学的琵琶演奏曲《万疆》，再次向先辈们致敬，同时感受我们饱经风霜却又傲然挺立的祖国母亲的辽阔与壮美。下面请××同学上台表演，掌声欢迎。

设计意图：学生小组讨论思考问题，正是凭借着战士们强大的意志，不畏艰辛、勇于奋斗奉献的精神，我们最终取得了战役的胜利，加深学生的印象，学生表演朗诵节目，向英勇无畏的志愿军前辈致敬。歌曲《万疆》饱含深情与敬畏，中华大地历经岁月变迁，悲喜沧桑，仍于霞光中绽放出耀眼光芒，很容易激发学生的民族自豪感。学生表演琵琶演奏《万疆》，再次向先辈致敬，同时让学生感受华夏的壮美、山河的辽阔，感受祖国母亲饱经风霜却坚毅不改、傲然于天地的浓墨篇章。

环节三：传"冰雕连"精神

教师：现在的我们处在18岁的美好年华，长津湖战役的很多战士当时也处在18岁的美好年华，曾经的他们也是鲜衣怒马，而为了人民的幸福生活，他们英勇地踏上了战场。下面我们一起进行诗朗诵，以缅怀先烈。

（冰雕连呈进攻队形，在冰雪中俯卧，我听到了你们青春的脉搏，这脉搏伴随我走过青春的岁月，赋予我高尚纯洁的品格。给我一支钢枪吧，让我也成为你们中的一个，和你们一起在冰雪中俯卧，让祖国也听见我青春的脉搏。当嘹亮的冲锋号震响山谷，整个连队，一跃而起，杀声震天，气壮山河。哪有什么岁月静好，只不过有人替我们负重前行；我们愿意以青春无悔换山河无恙。）（部分节选自吴三元《献给长津湖战役中的"冰雕连"》）

思考：今天我们不得不打的一场仗又是什么？

教师：每个时代有每个时代的使命和任务，先辈为我们扛长枪打血仗，强大的意志，不畏艰辛、勇于奉献、热爱祖国的精神感动着我们每一个人。今天的幸福生活离不开当年无数浴血奋战的英雄，忆过去，展未来，作为青年一代的我们要扛起新时代的长枪，将志愿军的精神发扬下去。请大家结合当代时代背景，思考：

（1）结合时代背景讨论当今我们不得不打的一场仗又是什么？

答案预设：建设社会主义现代化、实现中华民族的伟大复兴。

（2）高中生的视角，从生活、学习两个方面小组讨论如何度过自己的18岁（可联系历史人物18岁左右的青年时代）。

答案预设：学会正确面对挫折、努力学习及对未来的意义。

教师分享：作为一名人民教师，我将如何发扬"冰雕连"精神？

教师：人无精神不立，国无精神不强。"冰雕连"精神是不畏强敌、不惧风险、敢于斗争的精神；是以昂扬的精神状态立足于本职工作，勤勉敬业、造福人民的精神。作为一名人民教师，我将以"冰雕连"精神作为支柱，克服困难，努力奋进。工作中我将努力备课，上好每一节课堂；我将继续关爱我的每一位学生，帮助每一位有困难的同学。我将继续怀着一颗赤子之心奉献于教育事业，尽我所能培养学生，为祖国的教育事业添砖加瓦，为实现中华民族的伟大复兴贡献自己的一份力量。

设计意图：学生小组讨论作为当代中学生应当如何传承先辈的精神，让学生明确自己的目标。在赞扬"冰雕连"精神的同时，更应该做的是如何传承"冰雕连"精神。以全体同学朗诵的形式将班会课推上高潮，然后让学生思考作为中学生如何传承"冰雕连"精神。最后，以班主任的视角讲述作为一名人民教师如何发扬"冰雕连"精神，以身边人、身边事感染学生。

五、班会反思

（1）利用热点事件，容易激发学生兴趣，提高学生的参与热情。

（2）抗战题材具有振奋人心的力量，非常适合做励志班会的素材。

（3）班会的主题模块要清楚，层次分明才能引导学生将班会推向高潮；问题的设计要环环相扣、层层深入。

（4）注重学生自身体验，由人及己，更能引发触动和思考，继而转化为行动。

第七章

长风破浪会有时——"高三加油"主题班会

奥运之光　照亮前路

山东省青岛第二中学　丁娟

一、背景分析

（一）学情分析

青岛二中一直秉承素质教育的方针政策，在高一、高二阶段赋予学生充分展示自我、发展自我、成就自我的空间。当高三来临时，学生更多地回归学习本身，为高考做好准备。在需要极大毅力和韧性的高三阶段，学生会有动力不足、焦虑不安、自制力不够、不够自信等常见问题。因此，在高三伊始，点燃学生的斗志，使其树立学习的信心，拥有克服困难的勇气，锻造强大的心脏，将成为班主任力求达到的目标。

（二）主题解析

2020 东京奥运会推迟到 2021 年夏天举行，中国奥运健儿继续创造辉煌，夺得了 38 金 32 银 18 铜的优异战果。体育精神历来都能让人热血沸腾，奥运会这个世界级别最高的赛事所展示出来的斗志、坚韧、虽败犹荣、永不放弃、和谐友谊等都很容易感染学生，激发共鸣。在奥运圣火熄灭不久，高三生活刚刚迈步的时间段里，在这种人类的共情之下，设计一节以奥运素材为背景的主题班会，非常有契合性，也能让学生感同身受，有极强的带入感。"奥运之光 照亮前路"中，"光"代指运动员的不屈不挠、追求卓越、永不言败的精神，"路"是高三学子们未来的路，班会主题，即让奥运会体育健儿的精神感召学生走过高三奋斗之路。

二、班会目标

（1）认知目标：通过对中国奥运健儿乃至世界奥运健儿的拼搏奋斗事迹的了解，使学生更加深刻认识到"没有人能随随便便成功""只要坚持进步一点点就好"这样的朴素道理。

（2）情感目标：学习奥运健儿坚忍不拔、永不言败、奋斗不止的精神品质，反思自己日常的不足，在奥运精神激励之下奋勇向前。

（3）行为目标：对比自己在学习上遇到的困难与挫折，以及曾经自己对待困难在态度和行动上的不足，树立信心，重新出发。

三、班会准备

（一）学生准备

观看中国运动员奥运夺金时刻的视频集锦，以及奥运会上那些感动时刻集锦，初步感知奥运英雄事迹，调动起学生的兴趣和积极性。

PAD 开设"讨论区"，学生回答：①在东京奥运会上，体现着中国精神的奥运英雄或感动瞬间有哪些？②东京奥运会上，外国运动员给你留下特别好或者特别感动的印象的是谁？③你认为什么是奥林匹克精神？

（二）教师准备

做好奥运素材收集，下发相关视频，设计奥运知识抢答问题，制作PPT。

四、班会过程

环节一：导入，暖场知识抢答

（一）导语

经历了高中最后一个暑假，大家如期迎来了高三的学习生活。在这个夏天，除了学习，我们还享受了一场体育盛宴——东京奥运会。这次班会，我们就以"奥运之光 照亮前路"为主题，深切感悟一下奥运精神带给我们的启示，尤其是对我们的高三学习的启示。我们先来进行一场小小的东京奥运知识抢答。

（二）暖场小竞赛：东京奥运会知识抢答

（1）中国队本次获得的奖牌总数？（88 枚）

（2）中国奥运冠军中年龄最小的运动员是哪位？（全红婵 14）

（3）中国奥运冠军中年龄最大的运动员是哪位？（吕小军 37）

（4）中国获得金牌数量最多的是哪两支运动队？（中国举重队和中国跳水队）

（5）获得奖牌数量最多的中国运动员是哪位？（张雨霏 2 金 2 银）

设计意图：暖场知识抢答设计 5 个小问题，发放小奖品，起到活跃气氛、调动积极性的作用。

环节二：播放东京奥运相关视频，聚焦奥运冠军

1.播放中国队奥运征程的回顾视频

2.问：结合观看过的比赛和之前的视频集锦，说说在东京奥运会上，体现着中国精神的奥运英雄或感动瞬间有哪些？并阐述理由。

预设回答：苏炳添；永不放弃、爱拼才会赢、坚持、相信自己、良好心态、充分准备等。

设计意图：聚焦奥运英雄，初步感受奥运精神。课前的视频素材大都是夺冠时刻，课上视频是从中国奥运代表团入场仪式到最后收官总结，视频中有如上的六个小标题，也加入了没有获得金牌但值得褒奖的其他运动员的表现，最后落到"中国精神"上，为后面的班会环节和班会主题做铺垫。

环节三：我们致敬"无冕之王"！关注在弱项上拼搏但不是冠军的运动员

1. 小组讨论

每一次比赛被光环笼罩的往往都是冠军，但其实有很多运动员虽然没有赢得最终的胜利，但一样被世界尊敬。你认为这次东京奥运会，有哪些可以称得上"无冕之王"的中国运动员吗？为什么他们被称作"无冕之王"？每小组推举一名代表回答。

2. 问：让我们把目光聚焦到那些"无冕之王"上。现在请××同学给我们讲述一下他了解到的这些无冕之王的精彩表现。

学生介绍（PPT展示）：苏炳添（创造亚洲纪录并首次跑进男子百米决赛的黄种人），中国男子和中国女子接力队（创造最好成绩），谢震业（首次跑进男子200米半决赛的中国人），葛曼棋（首次跑进女子百米半决赛的中国运动员），王春雨（首次跑进女子800米决赛并获得第五名的中国运动员），杨绍辉（创造中国男子马拉松最好名次），张亮和刘治宇（获得奥运会亚洲首枚男子赛艇奖牌），毕焜（获得中国首枚奥运会男子帆板奖牌），中国女子三人篮球队（铜牌，创造历史），朱亚明（银牌，创造中国男子田赛最佳战绩），曾文蕙（中国历史上亮相奥运滑板项目的第一人，最终获得第6名），中国女子七人制橄榄球队（第七名，第一次参加奥运会橄榄球比赛），华天、包英风、孙华东（代表中国首次出战马术三项团体赛，名列第九）。

3. 问：相比于金牌获得者，这些"无冕之王"身上更值得我们学习的是什么？

是弱项上不服输的勇气，逆境中不放弃的坚持。不是只有"胜利者"，才配得上"伟大"。

设计意图：孩子们很容易把赞美给予冠军，而这些"无冕之王"的共同点就是他们是创造中国体育历史的人，即使不是冠军，也反过来说明了他们在中国人并不擅长的领域孜孜以求、不断奋进，其中可能更要忍受寂寞。这种迎难而上、甘于寂寞的品质更值得赞美，也为后面高三学习精神的讨论做铺垫。

环节四：思考到底什么是奥林匹克精神，由中国延伸至世界

1. 问：大家刚才讨论的都是我们中国运动员的辉煌时刻或者感动瞬间，有没有外国运动员给你留下特别好或者特别感动的印象呢？请大家小组讨论一下。推举一名代表回答。

（回答略）

2. 问：同学们刚才都说出了自己喜欢的外国运动员和感动瞬间，下面请××同学上台来给大家讲述一下她了解到的那些"世界之光"。

（学生上台，PPT展示）

（1）世界唯一连续8次参加奥运会的选手——46岁的体操运动员丘索维金娜，在东京奥运会完成了她奥运生涯的最后一跃，传奇走过30年。曾经"你未痊愈，我不敢老"感动世界，如今她是为热爱而战。

（2）2016年里约奥运会，国际奥委会第一次组建难民代表团，共10名运动员。当年6月，国际奥委会执委会正式批准了东京奥运会难民代表团名单，共计29名运动员参加12个项目的比赛。从10人到29人，和难民运动员人数一同增长的，是全球范围内的难民人数。国际奥委会主席巴赫表示，体育团结一切的力量，这种团结是黑暗隧道尽头的光明。

（3）男子跳高决赛中，意大利选手坦贝里和卡塔尔选手巴尔希姆跳出了一样的成绩，两人尝试了更高的目标，但都失败了。这个时候，巴尔希姆问了一句："我们可以共享金牌吗？"得到不违反规定的答复后，两人相视一笑。奥运会田径赛场上，上一次金牌共享是 1908 年，距今已 113 年。

（4）在东京奥运会开幕仪式上，300 多人的意大利代表团后面跟着仅有 4 人的伊拉克代表团，这 4 人里只有一名羽毛球运动员，他全场比赛 26 分钟，没有同伴，没有教练和指导，最后遭到淘汰。这并未让他感到沮丧，因为他来到这里只为实现最初梦想，以及证明自己国家还存在着。

（5）伊朗选手福鲁吉是一名兼职射击选手。41 岁的他本职工作是一名护士，不幸两次感染新冠。他不确定自己能不能活着，更不确定还能不能赶上人生中第一次奥运会。很幸运，福鲁吉痊愈了。7 月 24 日，他站上奥运会男子 10 米气手枪决赛的舞台，拿下冠军！宣布成绩后，他激动地跪倒在地，为庆祝伊朗历史上的首个射击奥运奖牌，也庆祝作为医务人员和奥运选手的自己，终于战胜了格外艰难的 2020。

（6）2018 年亚运会上，池江璃花子一人拿下六块金牌，但正当运动生涯进入巅峰期时，她得了白血病。医生告诉她，就算活下来也可能无法再做运动员。池江病刚好就投入训练，虽然要恢复到巅峰水平很难，但病痛让池江更加珍惜她生命中的每一次比赛。她说："体育给人带来的信心，促成的人类团结，是真真正正无法被任何事物取代的。"在她接受完采访后，中国选手张雨霏主动上前拥抱安慰："我和她说明年再见，因为明年亚运会。"

3. 问：看到这些画面，你觉得什么是奥林匹克精神？

设计意图：看奥运会，很容易聚光到本国运动员身上，但是奥林匹克的精神是将全世界团结在一起，让学生突破国界，看到更广远的视域。对比赛不熟悉的同学可能不知道外国运动员的那些光辉瞬间，所以会借用小组合作的力量，将班会的主题意义进一步拓展和深入。至此，通过对奥运英雄的赞美、对无冕之王的尊敬、对奥运精神的思考层层递进，学生也会一步步受到更大的感染。

环节五：将奥运精神的光芒照进现实

1. 问：进入高三，你最想克服的是什么困难？进入高三，你最想拥有的是什么品质？

答：懒惰、不能坚持、心志不坚定、缺乏自信等等，想拥有毅力、坚定信念、不服输的勇气、良好心态等。

2. 老师展示运动员、教练员的赛后感言，鼓励学生奋斗高三。

苏炳添：每天进步一点点就好。

施廷懋：让人变强大的，是通往这块金牌的路。

郎平：比赛场上不可能是一帆风顺，输球不能输人，起码要有奋斗的渴望。

设计意图：老师亮出三位运动员教练员的话，进一步激励学生。在前面环节的铺垫之下，回归现实，让学生联系自身思考高三面临的困境，联想之前高一、高二的经验教训，受到奥运精神的感召，剖析自己，也给自己鼓劲加油。

环节六：游戏体验：你觉得自己20秒能鼓掌多少次

1. 学生先预计次数，再当堂鼓掌计数。

回答几十次到一两百次的都有。实际鼓掌次数大部分都超过自己的预估数值。

2. 问：你猜世界上鼓掌最快的人，一分钟鼓掌多少次？

学生回答通常都是几百次。

播放小视频，一分钟鼓掌1020次。

3. 问：大家回想刚才的游戏，通过你最初的预计、你实际的鼓掌次数、你再次的鼓掌次数、吉尼斯纪录的鼓掌次数，能得到什么启示呢？

设计意图：以现场游戏增强学生自身体验感，对自己的预估、实践的检验、方法的改善、吉尼斯纪录保持者的刻苦练习等都能一步步让学生心灵触动，告诉他们一切皆有可能。这个游戏设计回归学生本身，让学生不再觉得奥运冠军的事迹都是遥不可及的事，立足当下，立足自身，给学生一个实实在在的冲击，会起到更好的效果。

五、班会反思

（1）利用热点事件，容易激发学生兴趣，提高学生的参与热情。

（2）体育有振奋人心的力量，非常适合做励志班会的素材。

（3）利用熟悉的名人事例做启示，比纯粹讲道理有效得多。

（4）问题的设计要环环相扣，要层层深入，要有触动灵魂的思考。

（5）注重学生自身体验，由人及己，更能引发触动和思考，继而转化为行动。

（6）有效利用视频、图片、游戏、知识抢答等形式会让班会内容丰富有感染力，课前视频的下发能帮助预设生成部分学生的思考。

（7）班会的持续效力会随着时间推移而转弱，后续的进一步利用是要继续研究的对象。

为高考加油，为未来助力

——2019 外语 MT 高考百日誓师会

山东省青岛第二中学　于静

一、背景分析

（一）学情分析

高考在即，所有参加高考的学子无不斗志昂扬，整装待发。但在备考的过程中，学生的情绪也会出现波动，也会时常对自己产生怀疑和不自信。为了激发学生学习和备考斗志，特邀请青岛二中的领导、任课老师参加 2019 外语 MT 高考百日誓师会，为学生送上祝福与期许，缓解学生备考的紧张情绪，为 2022 高考加油鼓劲！

（二）主题解析

高考百日誓师大会是各个学校在高考前都会举行的一次大会，其目的主要是激发学生学习热情和备考斗志，提高备战高考意识。利用刚刚过去的 2022 北京冬奥会和女足亚洲杯夺冠等事件，用运动员的拼搏精神和顽强斗志以及大家的团结协作精神，在"高考前百日"这样一个节点召开高三学生动员会，会让学生在接下来的备考中带着老师和家长的鼓励，学习运动员的坚韧品质，充满激情地做好各种准备，满怀信心走向高考考场。

二、班会目标

（1）认知目标：在通向高考的道路上，每个人都要竭尽全力，拼搏奋斗，结合冬奥会中国奥运健儿乃至世界奥运健儿的拼搏奋斗，让学生深刻认识到"风雨过后才见彩虹"这样的朴素道理。

（2）情感目标：对照老师的要求和期望，反思自己在备考中需要加强和提高的细节，鼓足干劲，在最后100天的学习中不轻言放弃，为实现自己的理想更加努力。

（3）行为目标：反思自己在学习上遇到的困难与挫折，在百日誓师大会的契机下，树立信心重新出发。

三、班会准备

（一）学生准备

（1）写一张致三个月后的自己的卡片，书写对自己的期望和对高考的梦想。

（2）准备一句"高考祝福语"送给同学们。

（3）语文课代表准备有关"努力、拼搏、坚持"等含义的古诗词竞赛题。

（4）准备三年里同学们的照片和致辞。

（二）教师准备

（1）邀请高三主管领导和任课教师。

（2）邀请家长代表。

（3）准备相关音视频素材和PPT（《一起向未来》）。

四、班会过程

环节一：导入

（一）导语

三年豪情，三年奋斗，青春正当时。在离高考百日之际，我们举行"为高考加油，为少年助力"主题班会。百日奋战，集结号响，让我们共赴三年之约。

（二）暖场小竞赛：古诗词竞赛

主持人：中华古典诗词是华夏文明的瑰宝，是中华民族智慧的结晶。不妨今天就让简单有趣的古诗词小游戏为我们披荆斩棘勇往直前的 100 天拉开帷幕。（主持人出上句，同学们抢答下句）

长风破浪会有时，直挂云帆济沧海。

大鹏一日同风起，扶摇直上九万里。

雄关漫道真如铁，而今迈步从头越。

路漫漫其修远兮，吾将上下而求索。

莫等闲，白了少年头，空悲切。

千磨万击还坚劲，任尔东西南北风。

疾风知劲草，板荡识诚臣。

不经一番寒彻骨，怎得梅花扑鼻香。

三更灯火五更鸡，正是男儿读书时。

仰天大笑出门去，我辈岂是蓬蒿人。

设计意图：暖场竞赛，从古诗词里学习奋斗、坚持、努力、拼搏、自信。

环节二：班委代表播放视频并致辞

主持人：感谢房一、臧文爽为我们带来班委致辞，希望我们大家彼此珍惜、并肩战斗的最后 100 天，互帮互助，共同进步，在青岛二中不要留下遗憾。

2022 年 2 月 27 日星期一，距离高考还有 100 天。我们第一次离高考那么近，近到只有 100 天。

2019 年 8 月 2 日，我们在班级群里用自己的自拍，与大家初次见面。

8 月 4 日，是我们第一次真正见到彼此的日子，那是一个雨后的夏日，风凉凉的，我们怀着对高中生活的憧憬参加了高中阶段的第一个大型活动——八八子归节。

8 月 11 日，与你相识，我们一起在雕塑园团建，那天是我们第一次团建，也是我们第一次看到于家澳和李佳励的舞蹈。

8 月 22 日我们一起参加读书会，那是我们第一次坐在一起学习。

8 月 26 日，军训开始了，我们第一次离开父母，第一次整理内务，第一次开班会，第一次一起上晚自习，第一次尝到夜聊的刺激和快乐，好像好多好多第一次都在那天一起发生。

2020 年 2 月 14 日，那天是冬季越野赛，"体育MT"首次亮相，一个不小心，女生都拿到了前 10，杨轩倒着跑过终点线的神场面也在今天问世。

我们一起研学，一起参加运动会，一次又一次用最少的人拿最多的金牌，真是气人。

2020 年 12 月 31 日，我们第一次一起跨年，第一次收到于老师的红包。时间过得真快，2021 年 8 月 29 日我们成为一名高三的学生，那天距离高考还有 281 天。

今时今刻，距离高考还有 100 天，我们还有几步就能登顶，还有几步就能靠岸，这最后的一段距离需要我们咬住牙，再加把劲儿！希望同学们少一些放飞自我之后的内疚，少一些疯狂内卷的无限内耗，多几分真才实学，多几分胸有成竹。希望大家都能在这最后100天里学得坚定，学得踏实，学得自信。"努力不会欺骗任何人，确定一个目标然后付出一切。"短短的100天同样也可以演绎不一样的精彩，为此我们应该脚踏实地，认真复习，充实地过完过好每一天。

最后，希望我们都能珍惜这100天，只争朝夕，不负韶华，在夺冠的路上"无问西东"。

加油！奥利给！

设计意图：班委代表带领同学们回顾过往，珍惜同学情，在大家相互鼓励和支持下，共同奋斗100天，为彼此美好的未来加油！

环节三：外语MT首席导师于静致辞

主持人：亲爱的于老师三年来一步一步见证了我们的蜕变，在最后的100天里，相信她一定对我们有着特殊的鼓励和期许。

亲爱的外语学子们：

Time flies！时光如白驹过隙，转眼间迎来了高考倒计时100天。回想起刚入校时你们稚嫩的小脸，个个满怀未来期许；如今看你们已然成熟的脸庞，对自己的前途充满期待，心中怀有家国使命！在二中学习的最后100天，我们都可以做些什么？我们可以更加精细，将知识了然于胸；我们可以更加努力，珍惜学习时的每一分钟；我们可以更有激情，将每天过得充实！高考从来不是一个人的战斗，所有的领导、老师，将与你们一起并肩奋战，万念归一，只争朝夕，全力冲刺！习总书记说：有信念、有梦想、有奋斗、有奉献的人生，才是有意义的人生。让我们带着信念、梦想，珍惜每一天，拼搏每一天，奋斗每一天，充实每一天，让青春的智慧在6月绽放光芒！

（班主任于静老师）

设计意图：班主任鼓舞的话语会激起学生们振奋的心情，充满期待和斗志地迎接每一天。

环节四：学长的祝福和传承及同窗的赋能

主持人：二中的传承精神总是在鼓舞着一届又一届学子。今天的校会上，我们观看了学长学姐从各大学院为我们发来祝福和加油。他们是我们仰望的偶像，他们是我们学习的榜样。现在我们再聆听来自2016级学长的经验传承。（摘选部分发言）

大家好，我是2016级自然科学MT 1班的李炫秋，现在就读于北京师范大学物理学专业，我很荣幸能够在这里和大家分享一些我的关于高考的真实感受。

首先是学习方面，学习很重要，成绩很重要，高中三年"苦读"，说直白一点就是为了能够考入一个比较理想的大学。我相信在学习方法和技巧上，大家都有属于自己的节奏，但我想从三个小点提醒师弟师妹们，分别是基础、练习和总结。第一，打牢基础，但不要只关注基础，建议复习时不要过多抠一些无谓的细节，需要把握好"度"。第二，适量刷题，但绝非题海战术，高考要求对各种题目有一定的熟练程度，如果没有一定数量的题目训练和一定的熟练程度，考试的时候就会比较痛苦。第三，要及时总结，但不必拘泥形式，每天整理一下当天的错题，隔一两天就拿出来复习一下，坚持一个月试一下，这种时间投入比死抠基础知识要更有意义。

接下来是心态方面，希望能够通过我的示例警醒各位师弟师妹，一定要稳住心态，一定要稳住心态，一定要稳住心态。不必焦虑，也没有理由骄傲。大家现在都是同等的，摒弃杂念，努力就好。

至于身体健康方面，身体是革命的本钱，多参与体育锻炼，健康饮食，规律作息。

最后，我想说的是，请大家相信自己，相信你们的老师，相信青岛二中，在接下来的一百天内，踏踏实实学习，保持良好心态和健康体魄，一定可以在百日后的高考中为自己交上一份满意的答卷。

最后的最后，预祝各位师弟师妹高考顺利，取得理想成绩！

主持人：春秋轮回，相伴前行；寒暑更替，同赴未来。在这三年的学习、生活中，身边的同学一直在激励着我们前行，是朋友，也是老师。于家澳同学和辛佳同学为我们带来了他们的百日备考计划。出国的同学也都纷纷送上了自己最真挚的祝福。

设计意图：用学生们熟悉的身边人的故事和祝福来为高三学生在心理素质、备考细节、注意事项等方面现身说法，更容易让学生接受和学习。

环节五：爸爸妈妈们的期许和祝福

主持人：在成长的道路上，不管是顺境还是逆境，总有一个力量在背后无条件支持着我们，那就是我们的爸爸妈妈。他们是我们最强大的后援，他们是我们最坚实的后盾。他们用爱鼓励着我们、包容着我们。

设计意图：高考不是一个人的事，一个家庭里有一个高考生，整个家庭的氛围都是不一样的。通过家长的发言，让学生体会到家长在这场战斗中的意义，学会体谅家长，感恩家长。

环节六：任课老师的教导与祝福

主持人：每一次进步背后都有老师辛苦付出的身影，每一次提升背后都有领导无微不至的关怀，每一次成长背后都有人在默默注视。值此百日誓师之际，各任课教师也为同学们送上嘱托与祝福！（发言摘录）

各位老师、同学们：

早上好！

新的学期，就在 2 月开始了。按节气，雨水已到，气温应该回升，冰雪应该融化，降水应该增多，可今年偏偏有点反常，气温不仅没有回升，反而还低于以往的同等年份，难道连节气都要考验我们一番吗？不管怎样，雨水节气前后，万物开始萌动，春天来了，草木萌动，鸿雁到来还会远吗？

在这样的季节，高三外语的学子们满怀憧憬、热情洋溢地回到了久别的学校，开始了让人一生都难以忘怀的春季播种。

高三外语团队首席导师于静老师给我布置任务，让我在这种场合讲几句话，倾吐一下心声，我欣然应允，备感荣幸。所以才有了今天的发言主题：愿听你心中的天籁。

略显庸俗的教学，不乏生命的激昂，耳顺之年的我，不知是缘分所致，还是天意使然，竟然"阴差阳错"般地和一帮有鸿鹄之志的学子邂逅，你福还是我幸？

为师，和你们在一起，自然是精神焕发，壮志不已，毕竟要和你们一同走过人生中一段难忘的路程。

为徒，在能选择时怎能放弃权利，在能飞翔时怎能不舍得张开双臂，当能梦的时候，为何不静待梦醒时分。请谨记，紧要处不能犹豫，高三，愿你能做最好的自己。

今天的班会很有意义，它会让在场的每一个人都明白一个道理，高三虽是一段人生经历，它却是你生命中的唯一，你没有理由不珍惜。

既然是百日誓师，那就应该在距高考还有百日的时候发下誓言，毅然出征。既如此，就应该百尺竿头，更进一步，在百折不移中坚定信心，用百炼成钢的豪气，夺取百折千回的胜利，用百鸟朝凤般的乐曲，去迎接百日后的凯旋。

外语团队的学子们，相信你们能如雄鹰般翱翔蓝天，正如理想插上了翅膀，青春焕发了活力，事业蒸蒸日上。

学习是一种追求，需要辛苦付出；学习是一门科学，需要不断探索；学习是一门艺术，需要你去创造；学习是一项工程，需要你用心铸就。

百日实施的号角已经吹响，希望你昂起头，向前方，不彷徨，再起航，用激情，写篇章。

下面用我的心里话，给外语团队的学子送上最真挚的祝福：

当你能选择时，就不要放弃权利；

当你想飞翔时，就要舍得张开双臂；

当你能梦的时候，就静待梦醒时分；

请谨记，紧要处不能犹豫；

愿你我他能做最好的自己！

（数学于世章老师）

各位同学：

大家好，应你们老师之邀，让我来给大家百日誓师鼓鼓劲儿，加加油，我内心是愉悦的，因为看着你们朝气蓬勃的样子，我最想说的话是——青春，真好！

可能同学们听了很诧异，真好吗？我们的青春是在一张张试卷上度过，我们的青春是在纷至沓来的层层压力下度过的，重压之下，我们有无尽的疲倦，有难挨的枯燥，有泪水，有彷徨……这是我们的青春吗？

让时光拨回三十年前，那是河南西部的一个小县城，我和大家一样，看着满桌子的课本与试卷，一样痛苦，一样彷徨。不同的是，我们还不能果腹，饭票用完，是有可能饿肚子的。

幸运的是，我们正青春，我们有食堂里几个人凑一份荤菜的乐趣，也有操场上挥汗如雨，看谁跑得最快，考差了，宿舍卧谈时的相互安慰，甚至是合吃半个馒头。……现在回想起来，吃的是青春，吃的是记忆，苦乐年华，青春做伴！

你们也正青春，运动会上尽情挥洒，社团纳新时勇敢尝试，辩论赛时唇枪舌剑，艺术节才华横溢，你们也有跑饭的快乐，只不过你们为的是一份炒面，一份小吃，你们也有宿舍卧谈，你们也有假期时快乐的"密室逃脱"……

这就是我们的青春，不仅有挥汗如雨，奋力拼搏，更有自信、率真，青春飞扬！

也许你觉得你不是天赋异禀，也许你苦苦追寻难以突破，但你不必担心，正如是冬奥会上"青蛙公主""凌"空绽放，天赋异禀的少年苏翊鸣飞檐走壁、飘逸自如。……但是，天赋的背后，都是日复一日的艰苦训练和精益求精的严格要求，都是一次次跌倒后再一次次爬起来。正如谷爱凌所说，站上二三十米的高台，她也会紧张；做危险动作，她也会害怕；面对伤病，她也会感到失落……但她从不曾放弃，正如她所说："真的热爱一件事，我要付出我全部之所能！"

也许你觉得亚历山大，怎么办？一个"韭菜盒子"足矣，谷爱凌冬奥赛场上敢于吃"韭菜盒子"，说明她敢享受比赛，因为比赛不是生活的全部，我们考差了，也可以喝一杯"春天的奶茶"，喝一口"青春"的味道，望望校园里的美景。记住，这是二中校园里最美的春天！总之，我们的生活里不只有考试这一种风景，只有放平心态，我们才能有更好的明天。

当年的我们是这样，如今的你们也是这样，所以，同学们，即便我们是万千世界中的沧海一粟，即便我们是生活在底层的最平凡的一员，但在最好的年纪里，在苦难和平凡面前，我们要不屈服于生活，不放弃自己，用奋斗谱写青春的颜色。

最是拼搏见精神，最是奋斗叫青春。

加油吧，少年！

因为，青春，真好！

（政治高保卫老师）

设计意图：通过任课教师的发言，让学生再一次感受到集体的力量，每一位老师和领导都对同学们充满了信心，相信大家在最后100天会更加努力，发挥自己的潜力和能量，为高考助力！同时，老师们也送上对同学们的教导，在最后备考的日子里，要特别注意的细节，为同学们在树立信心的同时，也能够在复习时更学有方法！老师们真正用智慧丰富同学们的人生，所有人的激情一定会创造 2022 的奇迹！

环节七：封存期许与祝福

主持人：时间流逝，三年太短，但理想历久弥新。我们将未来的自己刻在纸上，封存于信封，交给我们的老师保管。这里面或许是一份承诺，或许有一点儿迷茫，或许有伟大的梦想。不管是什么，它都为高考百日前的自己留下一点儿印记。

设计意图：高考前，学生们会有各种各样复杂的情绪，有紧张，有不安，有迷茫，有不知所措。他们有人愿意与老师或家长倾诉，有人更愿意封藏自己的情绪。用信纸给学生们一个情绪的出口，让他们把对自己的期望和情感书写在纸上，放松心情，重新出发。

环节八：彼此祝福 + 誓词 + 合唱

主持人：100 天说长不长，我们只有两个月的上课时间去丰富自己，三个月的时间去创造奇迹，100 天的时间彼此珍惜；100 天说短也不短，你可以在 100 天里把握当下，做自己的将军，用纸笔战斗，用智慧运筹，相信你一定可以攻克一个个难题，在高考考场上创造佳绩，夺取胜利。再长的路，一步步也能走完；再短的路，不迈开双脚，也无法到达。在最后的 100 天里，希望大家自我考验自己的意志，坚定前行的方向。高考考场外的阳光，一定会因我们而灿烂。最后，祝大家高考顺利，蟾宫折桂，金榜题名！

播放歌曲《一起向未来》，在视频中播放同学们的祝福语。

设计意图：2022 年是中国的冬奥年，用主题口号及主题歌曲——《一起向未来》(*Together for a Shared Future*)作为本次班会的结束，期待同学们能够在面对困境时战胜困难、开创未来，用信心和希望憧憬美好的明天。

五、班会反思

（1）用学生熟悉的诗词入手，容易激发学生兴趣，感受知识的力量。

（2）教师用亲身经历激励学生，能够引发学生产生共鸣。

（3）学长当年高三的成功与失败的经验，能够让学生感同身受。

（4）回忆视频能够让学生忆往昔，珍惜现在。

我看衡中学霸演讲

山东省青岛第一中学　薄正

一、班会背景

（一）学情分析

此时，2021年的高考已经结束，高二学生即将搬入六楼的高三教室。面对即将到来的高三生活，学生虽未经历，但"焦虑"与"迷茫"早已涌上心头，有些学生甚至选择了"今朝有酒今朝醉"的逃避态度。此次事件是一个绝佳的教育素材，对即将升入高三的学生可以起到正向的激励鞭策作用，更重要的是可以统一思想，培养学生正确的价值观和人生观。只有正确认识高三，才能鼓起勇气，努力拼搏，为自己交上一份满意的答卷。

（二）主题解析

2021年高考前夕，一则河北衡水中学学霸的励志演讲视频爆火网络，很快占领了热搜榜首。针对演讲中犀利的观点，网友褒贬不一，特别是一句"土猪拱白菜"成为评论区热议的焦点。支持者认为演讲充分反映了当今社会的现状，替广大父母向孩子揭露了现实竞争的残酷，对奋斗者有很大的激励作用。反对者批判观点里充斥着对成功的偏见和对平凡的蔑视,三观不正。此次演讲话题争议性极强,以此为中心设计班会,在班主任的良性引导下,可使学生深度反思自身学习,端正态度,缓解焦虑,乐观积极地迎接高三。

二、班会目标

(1)认知目标:通过对演讲者观点进行深度剖析与纠偏,学生了解高三的竞争压力来源,形成对高三生活学习的正确认识。能够正确看待"内卷"与"成功主义",接受自己的"平凡"并愿意为心中的理想奋斗。

(2)情感目标:学习学霸的拼搏精神与斗志,敢于直面困难,勇挑重担,永不言弃。

(3)行为目标:通过分享演讲视频观后感,为上高三的自己写一句激励的话,明确目标,做好当下,坚定信念,以激昂的姿态迎接高三学习生活。

三、课前准备

(一)学生准备

(1)利用在家时间,学生自行观看张锡峰演讲视频《小小的世界 大大的你》,反思评价演讲者观点,写出300字观后感并上交。

(2)学生组成三个小组,分别从"内卷与态度"、"努力与回报"与"成功与平凡"三个角度展开深入研究,准备课上汇报材料。

(二)教师准备

通过批阅学生观后感,提炼班会主题,并准备PPT、横幅、倒计时牌、便利贴等。

四、班会过程

环节一：导入

统一观看视频《小小的世界 大大的你》的剪辑，回顾演讲主要观点，营造课堂氛围。

设计意图：虽然课前已经看过完整视频，但视频中尖锐的观点还是能马上抓住学生的眼球。一句"土猪拱白菜"迅速将学生情绪拉满。此外，视频的精简剪辑使得张锡峰的观点更加突出，为下一环节各观点的研究与反思做好铺垫。

环节二：不辩不明，舆论焦点的研究

在课前学生写的观后感中，普遍认可了张锡峰讲的当今社会竞争残酷的现实，也强烈支持演讲"催人奋斗"的主旨。但是，演讲中也有三点引人不适的地方：

（1）面对自己家庭出身与同学的差距心灰意冷，在观看了纪录片《航拍中国》后，就突然得到灵感，走出了阴影，令观者感觉很不真实。

（2）描述"神色匆匆、各自奔忙"的路人"一眼就看到死"，说明他内心充斥着对普通人的蔑视。

（3）对人生成功的理解有偏差，刻意放大努力与成功的关系，演讲中透露出一种"努力就会成功，不成功一定是你不够努力"的味道。

此外，有些学生还结合了"内卷""成功主义""社会达尔文主义"等概念进行相关阐述。根据学生的反馈，学生课前自组小组，分别从"内卷与态度"、"努力与回报"与"成功与平凡"三个角度进行研究，形成研究报告。

（一）话题：内卷与态度

【活动】

第一小组同学表演微型情景剧《竞争与内卷》。

小 A：我要上北大，我可以每天 5∶00 起床。

小 B：为了上北大，我要早上 4∶30 起。

小 A：我可以晚上 11 点以后睡。

小 B：我可以 12 点睡。

小 A：我可以放弃我的业余爱好，不看小说，不打球。

小 B：我可以吃饭只用 10 分钟，排队打饭时背单词。

小 A：我决定少换衣服、少洗澡，省下时间去做题。

小 B：那我就国事家事天下事，与我无关，无我事。

【问题组】

（1）通过观看微型情景剧，你觉得"内卷"与"正常竞争"有何不同？

（2）根据自身的经验，深刻反思情景剧中克扣睡眠、放弃爱好、放弃基本生理需求或社会需求等行为的意义。放弃这些能换得成绩的提升吗？这样做是否值得？

（3）当别人的内卷给你造成压力时，你准备如何对待？

设计意图：通过情景剧，以诙谐的形式表达"内卷"这个较沉重的话题，学生充分感受"内卷"带来的伤害，进而辨析"正常竞争"与"内卷"的差别。通过教师引导，学生意识到"内卷"是一种错误的竞争方式，否定"内卷"并不是否定竞争。当然，也不能因为他人的"内卷"，自己就走极端，选择躺平。在搜集材料的过程中，有学生了解到张锡峰的真实家境，绝非演讲中表现的贫困家庭。"初中上的是当地学费过万的初中""家里接送他的车价值二十万左右"，该生感慨道："他不是所谓的土猪都这样努力，那我们更没有资格选择躺平！"学生结合自身经验一致认为，情景剧中的这些行为好像换取了更多的学习时间，但很难保证更高的学习效率。最终引导学生得出结论：这些"内卷"行为主要是在感动自己，高三更应保证学习效率，而不是一味地挤出学习时间。

（二）话题：努力与回报

【活动】

第二小组学生小C的内心独白。

大意：该生数学成绩一直不理想，从初中就开始感觉跟不上，虽然平时非常刻苦，在数学上也投入了大量学习时间，但一直没能取得满意的成绩。

【问题组】

（1）你遭遇过小C的困惑吗？如果遭遇过，你是怎样解决的？

（2）如何看待努力与回报的关系？你认为努力是否一定能有回报？

针对"努力是否一定会有回报"的问题，学生展开了充分讨论。支持者认为，之所以目前还没有回报，是因为投入得还不够多，时间还不够持久。感觉努力没有回报，是因为目前的"量变"还未引起"质变"，只要肯继续投入，自有水滴石穿的时候。而反对者认为对方没有同理心，每个人的时间、精力都是有限的，不可能孤注一掷将全部精力投在自己不够擅长的方面，所以努力也是有限度的，对方的想法过于理想化。

教师总结：一般来讲，所谓"一分耕耘，一分收获"，我们付出的努力与获得的回报虽不一定成正比，但一般是正相关的。"谋事在人，成事在天"，能否收获回报还受到很多不可控因素的影响，比如机遇、运气等，可能这些因素才是成事的主因。所以做事时，我们不应抱有很重的功利心，不然容易期望越大，失望越大。认准对的事就努力去做，但行好事，莫问前程。此外，我们应该注意到努力方向的重要性，方向选对了，才可事半功倍。

设计意图：小C的独白说出众多同学的心声，暗示学生这种现象是普遍存在的。通过"努力与回报"问题的讨论，引导学生说出这个问题的两面，既鼓励学生要努力付出，又跳出功利的桎梏，将当下的事做好即可。

（三）话题：成功与平凡

【活动】

第三小组播放视频《"哥伦比亚号"航天飞机惨案》。

大意：2003 年 2 月 1 日，美国 7 名宇航员完成 17 天的太空科研任务后返航，随着一声爆炸，"哥伦比亚号"航天飞机突然解体，无数碎片掉落到地面，机舱内 7 名宇航员瞬间气化。NASA 当局通过数据解析后发现，造成此次事故的罪魁祸首，竟然是机体上的三块泡沫绝缘板。泡沫绝缘板位于航天飞机的燃油箱上，由于飞机制造过程中，采用敷设工艺，导致该块泡沫出现缝隙，发射时，液态氢气体进入泡沫后，在高温的环境下不断膨胀，导致大小约为 50 厘米宽的三块泡沫绝缘板碎片脱落，直接撞穿了左侧机翼的强碳隔热板，左侧机翼出现了一个小洞。任务结束后，航天飞机在返航过程中与大气层产生剧烈摩擦，超过 1400 摄氏度的高温气体通过这个小洞进入机体，不断破坏着机体隔热板，最终导致"哥伦比亚号"全部瓦解。

问题：从张锡峰的言辞中，我们感受到他对成功的渴求。他认为只有成功的人生才是伟大的，而普通人"一眼就看到死"，行如蝼蚁。现实果真如此吗？我们应该如何定位自己人生的意义？结合视频讨论这个问题。

教师总结：一块小小的隔热材料，完全算不上核心部件，却酿成了如此惨剧。我们每个人都是这个社会的一分子，或平凡或伟大，都在为社会机器的运转贡献自己的一份力。武汉抗疫时，钟南山、陈薇院士等起到的作用固然重要，但若没有千千万万的医护人员拼死坚守，没有各线工作人员的艰苦奋斗，没有全国上下万众一心齐心协力，抗疫很难取得成功。正是每一颗平凡的螺丝钉尽职尽责，才帮助中华民族一次次转危为安，成就历史。成功是一种伟大，平凡又何尝不是呢？每个人能力有高低，成就有大小，但只要做好自己该做的，就应该得到社会的尊重。

设计意图：通过视频与问题的讨论，引导学生接受不够突出的自己，接受自己的平凡，明白"自己做的事可能不够伟大，但同样重要"的道理。

环节三：拉横幅，明目标，迎高三

问题：虽然用词犀利，夹带的很多观点不够讨喜，但不可否认演讲的主要观点是正向积极的，对愿意努力奋进的人有很好的鞭策作用。面对高三，你有什么想对自己说的话？面对即将到来的期末考试与暑假，你又有什么计划安排？

【活动】

（1）拉出横幅"岔路口不多，但眼下就是"；

（2）班长为高考倒计时揭幕；

（3）在便利贴上给进入高三的自己写一句话，并在后黑板上展示；

（4）课下思考期末备考与暑假的计划安排，列出粗略的计划。

教师总结：就像有的同学所说，"沉疴需猛药"，衡中学霸的这次演讲虽有其局限性，但在促人进步的角度上，无疑是成功的。在即将迎来的高三学习生活中，希望大家心有梦想，牢记使命，努力奋斗，在明年的今日都能喜获硕果。"幸福都是奋斗出来的"，那就让我们为自己、为家人、为国家奋斗出一个灿烂的明天吧！

设计意图：对于把教室刚从高二搬到高三的学生，张锡峰的演讲戳痛了学生内心，也很好地点燃了他们的斗志。通过一系列富有"仪式感"的活动进一步帮助学生坚定信念，明确目标，以昂扬的斗志迎接准高三的学习生活。

五、班会反思

本次班会设置于搬新教室时召开，结合热点事件，为学生鼓舞斗志的同时，渗透价值观教育，时长约一个半小时。班会主题极具"话题性"，这使得班会过程中，学生充分融入讨论中，就连一些平时不怎么发言的同学，话匣子也打开了。

　　班会结合情景剧、个人独白、视频故事等形式，营造氛围，充分引发了学生的思考。在观点争论中，学生注意到自己思考问题时遗漏的角度，一些略有偏激的想法在辩论中也得到了完善。从效果来看，班会后学生情绪高涨，学习劲头足，自修课的专注度也有增强。

奋斗青春，逐梦远航
——"为梦想插上腾飞的翅膀"主题班会

山东省青岛第十九中学 陈阳

一、背景分析

（一）学情分析

同学们步入高三，学习时间紧张，但是仍然存在部分同学没有集中精力投入紧张的学业中去，学习态度还存有懒惰、散漫的情况，也没有树立明确目标并为之努力；部分同学胜不骄败不馁、拼搏向上的价值观须进一步引导。

（二）主题解析

高三是同学们高中三年最重要的一年，在这一年中，同学们需要集中精力投入紧张的学习中做好复习备考工作，为即将到来的高考做好充分的准备。为保障同学们的复习备考，营造一个积极有序、健康向上、学风浓厚的班级氛围，杜绝懒惰、散漫的学习态度显得至关重要。为使班级学风更加浓厚，为使同学们树立长远目标并努力拼搏，设计了本节班会。

二、班会目标

（1）认知目标：让学生认识到树立目标的重要性，并且能够依据自身情况树立自身目标，形成目标意识。

（2）情感目标：引导学生形成健康向上的人生观、价值观，培养学生胜不骄、败不馁的精神，并为实现目标而努力拼搏。

（3）行为目标：让学生形成争分夺秒的学习行为，班级学生全力以赴，为目标拼搏。

三、班会准备

（一）学生准备

学生利用课间时间进行诗歌朗诵练习，思考自己未来的目标，并为分享做好准备，同时为今后如何实现自我目标进行合理规划。

（二）教师准备

搜集班会课有关素材，做好班会课活动与问题设计，制作班会PPT。

四、班会过程

环节一：青春朗诵曲

播放歌曲《年轻的战场》

（一）导语

作家柳青曾经说过："人生的道路虽然漫长，但紧要处常常只有几步，特别是当人年轻的时候。"而高三这一步正是我们人生道路中非常重要的一步，这一步需要我们满怀理想勇敢地踏出。一个人只有树立理

想并为之不懈地去努力，才能实现自己的价值，才能让青春更美好。下面请欣赏由班级朗诵小组的同学带来的诗歌朗诵

（二）诗歌朗诵（节选自网络）

朗诵小组同学站好队形，开始诗歌朗诵：

谁的青春没有过迷惘，

谁的青春没有立下过志向，

谁的青春没有付出过努力，

谁的青春没有背负过压力。

谁的青春没有过迷惘。

迷惘不是你的借口，

你或许因为你的懒惰，拿迷惘当借口，

你也可能为了逃避某些事实而编出幌子。

迷惘并不可怕，

可怕的是你没有面对迷惘的勇气与动力。

迷惘实际就是一个借口，

如果你当初没有付出努力，

现在的你应该比当初更努力，

轮船在大海中迷失方向，

它在努力奋斗寻找着灯塔，

因为那是它活下去的标志，

是它唯一走出迷茫的方向。

迷茫不应该是你的借口，

更应该说，

迷茫不应该是年轻人的借口，

你还很年轻，

你有奋斗的资本。

向着光亮那方，

变得不一样，学着坚强，

变得无可阻挡，

不只是理想，

是逆风的力量。

我们的青春都一样，

有迷惘，有光亮，

为了你美妙的人生，

醒醒，奋斗就此开始！

教师：感谢朗诵小组的几位同学给我们带来的激情而富有感染力的诗歌。那么，听完了诗歌朗诵后，同学们有没有什么感悟？或者对自己有没有什么目标或者追求呢？下面3分钟的时间，请同学们写下对自己励志的话语或者目标与梦想，然后交给老师。

学生：思考并在3分钟内写下自己的目标，然后交给老师。

设计意图：以人生中紧要处仅几步为开端，强调高三生活的重要性，以诗歌朗诵活动激励同学们树立理想目标并为之不懈努力，实现自我价值，让青春更加美好。同时，让学生写下自我目标，树立目标意识，为今后书写奋斗目标。

环节二：畅谈梦想曲

（一）目标制定

梦想与目标，能够激励同学们成就美好的人生。但梦想并不是虚幻的彩虹，需要我们从脚下开始，脚踏实地，走好每一步。每个同学都有一个梦想，那么你的梦想是什么？请同学们回想自己刚才书写的目标，与其他同学一起分享，并介绍自己如何规划，一步一步实现自己的目标。（学生畅谈自己的梦想）

（二）分享目标

学生：主动发言，介绍自我目标以及自己实现目标的途径。

教师：刚才同学们的分享都非常好，都根据自我设定目标，并且对实现自我目标有了初步的规划。这样看来，我们每个同学都有自己的目标，并且制定了一些切实可行的方法。我想，现阶段就跟有些同学讲述的一样，好好学习，这是我们实现目标的第一步。高三年级是我们学业成绩非常重要的时间段，我们一块努力，为梦想迈出重要的一步。

（三）人物分享

教师：钱学森是我国伟大的科学家，青年时的钱学森就立下了自我目标。××同学给大家搜集了一段有关钱学森先生的奋斗历史的短视频，下面请××同学给大家播放展示。（播放视频）

教师：这则视频感人奋进，钱学森经过不断的努力，学业上有了一定的成就，学业有成后毅然回国，帮助祖国建设不断强大。下面给大家5分钟的时间，小组内部交流讨论你所熟悉的名人为梦想奋斗的故事，每组确定好一位奋斗人物的故事准备与大家分享。5分钟后我们邀请两个小组的代表与大家分享。

学生：小组交流讨论，确定好典型人物，并与大家分享。

教师总结：大家刚才讲述得都非常好。梦想很美好，但是如果我们只有梦想，却没有实际行动，梦想就变成了幻想。所以，同学们，让我们沿着前辈的足迹，从现在开始乘着梦想的帆努力奋斗。

设计意图：有梦想就要说出来，学生畅谈梦想，并分享自我为实现梦想的努力，激励其他同学一块奋进努力。分享科学家钱学森的事迹，意在告知同学们有梦想却没有实际行动，梦想就变成了幻想；同时也是鼓舞同学们，只有持续不断努力才能学有所成，实现梦想的过程中要有大爱，实现梦想为社会做出自己的贡献。

环节三：努力拼搏曲

（一）导语

努力实现价值，拼搏实现自我。同学们，我们每个人的家庭环境不同，成长环境不同，我们的起点也不尽相同。

（二）活动设计

下面我们一起来做这样的一则测试：请同学们站成一排，站在同一起跑线上。根据问题与自己的符合程度决定前进几格，请大家根据自身情况如实作答。

问题1：你心中有目标与理想吗？

有（前进1格），无（不前进）

问题2：你是否为自己的目标与理想努力奋斗过？

奋斗（前进5格），一般（前进2格）、无（不前进）

问题3：你觉得自己的家庭条件对自己的目标与理想帮助大吗？

大（前进5格），一般（前进2格），无（不前进）

问题4：你是否认为自己比大多数同学都要努力？

是（前进5格），一般（前进2格），否（不前进）

问题5：你有决心与信心在接下来的学习中付出100%的努力与拼搏吗？

有非常大的信心（前进5格），一般（前进2格），无（不前进）

教师：依据上面的问题，组织同学们进行有序活动。

学生：依据老师提出的问题，根据自身情况如实作答，完成活动。

教师：请同学们站定，经过前面几个问题的测试我们看到，在同学们生活过的十八载当中，同学们可能因为家庭条件、自我认知、努力程度等方面的原因导致现在站立的起点不同，有些同学已经领先，个别同学出现了落后，但是这些差距仅仅是我们人生的起点，只要我们努力为自己插上一双前行的翅膀，相信我们都一定会在终点处遇到美好。我在学校操场北侧的终点处为大家准备好了梦想的礼物，请同学们以现在的位置为出发点，听我口令出发，用最短的时间找寻自己的礼物。准备，出发！

学生：一起快速向终点奔赴，寻找自我目标。

教师：活动结束，找出最快到达终点的几位同学并总结。祝贺同学们努力奔跑、拼搏到达终点。我们也发现，最快到达终点的部分同学其实不一定是刚才起点处于最前面的同学。所以，同学们，不论我们的起点是近还是远，是高还是低，只要我们克服困难，努力奔跑，最终我们都会到达终点，而且可能还会反超其他起点高的同学，最终我们都能实现自己的目标。同学们，我们的青春才刚刚开始，未来有太多的美好与梦想等着我们去实现，让我们为自己插上一双腾飞的翅膀，为梦想而努力拼搏。

设计意图：每个同学们的家庭环境不同，成长环境不同，我们的起点也不尽相同。通过做活动，设置起点，通过同学们奔跑实现梦想，让同学们感受到起点的高低对同学们今后的发展影响不是决定性的，是可以通过自身的努力弥补的。给同学们信心和希望，让学生在接下来的学习中能够正视自我，努力拼搏，实现自我。

环节四：自我励志曲

（一）教师分享

老师在学生时代也给自己设置了目标，就是成为一名人民教师，但是当时从学业成绩等各方面来看，距离成为一名教师还有不小的差距，所以我从各个方面找到自己的不足，不断努力，为目标打下基础（分享自己为实现目标不断努力的过程）。

（二）共同励志

教师：最后我提议我们一块合唱班歌《我们都是追梦人》。

全班同学齐唱班歌，在歌声中宣布"为梦想插上腾飞的翅膀"主题班会活动结束。

设计意图：以自我成长激励同学们成长，以自我实现目标的过程激励同学们努力追求实现目标。以身边人、身边事，让学生更能切实感受到、触摸到提高努力是可以实现自我、不断提升的。全班同唱班歌，号召大家一块奋进成长。

五、班会反思

（1）本节主题班会课主要是为了使班级学风更加浓厚，使同学们树立长远目标并努力拼搏。

（2）本节课在设计形式上有学生朗诵、畅谈、游戏活动等环节，让学生通过不同的活动形式感受青春的励志、梦想的美好。通过答题前进活动，让同学们体会差距并为梦想努力拼搏。

（3）本节课在课堂进行活动中需要特别注意氛围的营造，精心设计背景音乐，学生课前精心准备朗诵曲，有感染力地朗读，通过这些形式将氛围烘托得更浓厚。

因为有你，心存感激
——2019 人文 MT 高考前班会

山东省青岛第二中学　丁娟

一、背景分析

（一）学情分析

马上要面临高考的学生，奋斗了三年终于要上战场的学生，心里难免既兴奋又紧张。他们希望听到班主任的最后一次叮咛，汲取最后一次经验。面对这样的高三学子，班主任的高中末次班会要有的放矢，有张有弛，有理有情。

（二）主题解析

作为高中的最后一次班会，有两大主题不可回避：一为"高考"，一为"毕业"。所以，在思考本次班会主题的时候，我把二者合二为一，既让学生勇往直前实现梦想，又让学生感恩师长、母校，不忘反哺，在激励、叮嘱、怀念、珍惜中义无反顾地前行。

二、班会目标

（1）认知目标：通过老师传授经验、提醒做法，学生对高考前容易产生的紧张心理和各种应对策略更加明晰，以便在高考前夕和整个高考期间心理稳定，发挥正常。

（2）情感目标：作为毕业班会，通过对高中三年的学习生活回顾，学生会产生浓浓的留恋不舍，对母校、老师、父母都能心怀感恩。作为高考祝福班会，学生接收到满满的真诚祝愿，增添自信，不惧挑战，积极乐观，笑对高考。

（3）行为目标：写祝福、送祝福、收祝福、分享祝福，将祝福揣在怀里，将感恩表达出来，既对得起自己，也要对得起学校、老师和父母的培养与付出。

三、班会准备

（一）学生准备

（1）在高考百日誓师班会上，每人提前写好一张高考祝福卡片，密封起来，准备好在这次班会上随机抽取，交换祝福。

（2）为每位任课老师准备好鲜花和卡片，将三年来的感恩之情留于卡片上，在班会当天送出。

（二）教师准备

（1）搜集三年班级珍贵照片，有班级荣誉证书（山东省和青岛市优秀班集体证书）、班级每年的大合影、重大活动照片、学生个人照片，制作成回忆满满的微视频，视频配乐歌曲是梦然的《少年》。

（2）制作PPT。

（3）提前订制好毕业蛋糕——"高考定胜糕"。

（4）提前准备好毕业和高考祝福礼物——象征"一举夺魁"的小葵

花每人一朵，象征"好运连连"的锦鲤手链每人一条。

（5）将高中三年获得的全部锦旗收集一起。

（6）最后一次班级学生的集体生日礼物。

四、班会过程

环节一：导语

同学们，今天是我们高中的最后一次班会了。再过两天，你们就要踏上高考的战场。同时，这也是你们高中毕业前的最后一次班会，所以我们高中的最后一次班会有两大主题：一是"高考"，一是"毕业"。

环节二："感恩"

在你毕业的前夕，老师有很多叮嘱想对你说，首先要说的是"感恩"二字。

感恩学校：造就终身发展之生命主体；

感激师长：给予无私的不求回报的爱；

感谢自己：青春不悔去做最好的自己。

设计意图：在高考前夕，在毕业之际，班主任有很多话想对学生说。虽然祝福学生高考顺利是首要考虑的，但是除了成绩和前程，班主任更要指导学生保有赤子之心，不做精致的利己主义者。因此，虽然高考祝福是最大的班会主题，我依然把"感恩"放在前面的设计环节里，希望学生懂得感恩母校和师长，无论学业是否顺利，无论前路是否阔远，都能不忘感激给予他帮助和情谊的人。

环节三：叮嘱高考"三句话"

两天后同学们都要进入高考考场了，6月7日高考"亮剑"，有三句话送给大家：

第一句：狭路相逢勇者胜

都说高考是走独木桥。今年山东高考人数将近 60 万，经过三年的奋战，现在到了大家冲锋的时刻了。不要畏惧，不要退缩，充满自信，所谓"狭路相逢勇者胜"，在最后一战，大家勇敢向前冲，往往可以突出重围，迎来胜利曙光。

第二句：我们都是追梦人

三年前，大家怀着梦想，考入了青岛二中。三年后的今天，你们心中又有了新的梦想大学。马云说过："梦想还是要有的，万一实现了呢？"为了你们未来想要过的生活，为了更广阔的一片天地，大家勇敢地去追梦吧！

第三句：不到收卷不言弃

在高考考场上，你可能会遇到意想不到的困难，请大家记住，不要轻言放弃。假如前面的学科考得并不顺利，题目难度高，要多想想别人亦是如此。大家要平心静气，争取在后面的学科上多拿分。也不要到了最后一门学科考试的时候，因为胜利在望就心浮气躁，反而影响到最后一科的成绩，那就得不偿失了。请大家记得，只有在最后一科考试结束铃响起你停笔的那一刻，你的高考成绩才会定格。所以，一定要安静从容地等到最后一刻，这样才能对得起自己三年的付出。

设计意图：虽然老师想叮嘱的话很多，但在这个令人激动的班会，多说反而不容易让学生记住，所以设计了言简意赅的"三句话"，既起到激励作用，又起到提醒作用。

环节四：重点关注高考考场上的"心态"

有这样一个故事：

明朝有位秀才三次进京赶考，在考前一天的晚上做了两个梦，第一个是梦到自己在墙上种白菜，第二个梦是下雨天，他戴了斗笠还打伞。于是秀才第二天就赶紧去找算命先生解梦，算命先生一听，连拍大腿说：

"你还是回家吧。你想想，高墙上种菜，不是白费劲吗？戴斗笠还打伞，不是多此一举吗？"秀才一听，心灰意冷，准备收拾东西回家。这时，店老板感到非常奇怪，问："不是明天就要考试吗？怎么今天就要回去了？"秀才就把做梦与解梦的事说了一番，店老板笑了："哈哈，我也会解梦的。我倒觉得，你这次一定要留下来考。你想想，墙上种白菜不是高种吗？戴斗笠又打伞不是双保险，有备无患吗？"于是秀才精神振奋地参加考试，居然中了个探花。

这个故事的寓意显而易见：不同的心态会导致不同的结果！

高考心态注意事项：

1. 考前一天怎么过

熟悉考场，适应环境：交通路线、所在学校、楼层。

罗列考试用品清单：身份证、准考证、健康信息表、48 小时和 24 小时核酸结果纸质版。

注意考前饮食：避免暴饮暴食、冷饮、补品、海鲜。

避免过量体育运动：消耗体力、意外受伤。

适时复习：6 小时左右。

不要提前睡觉。

2. 考前夜失眠怎么办

应对策略：

不要把睡觉当成任务；

睡不着，不会影响考试状态；

不能翻来覆去，保持固定姿态；

洗个热水澡，喝杯热牛奶，看些轻松幽默的文章。

3. 考场分心难以专注怎么办

应对策略：

"瓦伦达心态"：不为赛事以外杂念所动。

瓦伦达是美国走钢索的杂技演员。钢索一般悬在离地几十米的高空，没有任何人身安全保护措施，还有来自风雨等不利因素的干扰，人在上面行走，其险象可见一斑，但他始终能获得成功。对此，瓦伦达说："我走钢索时从不想到目的地，只想着走钢索这件事，专心专意地走好钢索，不管得失。"后来，心理学上把这种专注于做自己的事情、不为赛事以外杂念所动的心理现象称为"瓦伦达心态"。

4. 遇到难题、首战受挫怎么办

应对策略：

（1）自我安慰法："我难人也难，我易人也易""发挥出自己的水平，就是成功。"

（2）后面补偿法：前面的题不会做，后面的题来补偿；前面的科目损失了，后面的科目来补偿。

（3）做到"三不"：不和别人对答案，不讨论不会做的题目，不找老师解题。

5. 怯场的控制

兴奋点转移法：深呼吸，双目紧闭，慢慢吸气，缓缓吐出；肌肉紧张放松、上厕所。

自我放松法：暂停作答，闭合双眼，轻轻对自己说"放松"，重复6次，并注意体验全身松弛的感觉；也可以全身高度绷紧10秒钟，然后突然放松。

想象暗示法：想象松弛、愉快、舒适的情景。

解除疲劳法：伸懒腰，活动手腕、颈部，搓脸，揉眼睛，按压指关节求安慰法；拥抱送考老师和同学。

6. 应对"舌尖现象"

有时明明知道试题的答案，由于紧张，一时想不起来，可事后不假思索，正确答案也会自然冒出。这种现象，我们称为"舌尖现象"。

应对策略：

明白这是常见的"舌尖现象"，所以把回忆的问题搁置起来，去解其他问题。过一定的时间后，所需要的答案可能就回忆起来了。

小结：高考应考注意十个"一"：

生活规律一点　　　考前梳理一遍

信心足一点　　　　出门清一遍

进考场稳一点　　　接卷后看一遍

审题细一点　　　　书写快一点

卷面规范一点　　　考后议论少一点

设计意图：高考前学生的学习实力基本定型，但心态的平稳与否可能会产生极大的影响，从而导致出现差异很大的高考成绩。所以在高考前的最后班会上，"心态"的叮嘱是重中之重。

环节五：集体生日 高考定胜 毕业纪念

（一）展示特别订制的"高考定胜糕"

设计意图：高三一年，每隔一段时间，班级就会为最近过生日的同学举办一次集体生日班会。在 6 月 5 日这个特殊的班会日子里，给最后一拨过 18 岁生日的同学"庆生"，无疑是最好的祝福。中国古代就有"定胜糕"，原是为鼓舞出征将士所制，这"定胜"的美好寓意送给要奔赴高考考场的学生再好不过，同时还可以此作为全班同学的毕业纪念之一。

（二）播放班主任制作的小视频《我们一起走过的日子》

设计意图：班会前夕，班主任将三年的学生照片和微视频进行精选，基本以时间为线，做成一个毕业纪念视频。从军训的青涩朝气到班级的第一次大合影；从运动会的意气风发到艺术节的青春洋溢；从元旦联欢的劲歌热舞到课堂的专注认真；从学农基地的欢笑热闹到外出研学的精彩瞬间。三年时光无声淌过，很多印迹就这样悄无声息又深刻心中，学生随着视频发出的大笑、惊叫、羞赧、激动，甚至流下感伤的泪水，都是这堂班会不会泯灭的记忆。"毕业"这一主题大戏正式上演。

（三）颁奖盛典

（1）班主任先将最后一拨过集体生日的学生的生日礼物和祝福卡片送到他们手里，班长和团支书辅助分发"定胜糕"，送给全班同学。在此之前，为感谢每位任课老师，还赠送给老师载满祝福语的卡片和鲜花。

（2）为每一位同学颁发毕业证书、赠送毕业礼物，每人都能从班主任手里接到数样沉甸甸的祝福——毕业证书、象征"一举夺魁"的小葵花、象征"好运连连"的锦鲤手链、同学们百日誓师时写下的祝福卡片（盲盒随机抽取）。

（3）颁发三年来班级收获的锦旗，每一面都颁给对这面锦旗做出贡献最大的学生，是奖赏，是荣耀，更是纪念。

五、班会反思

（1）高三最后的一次班会，高考提醒和祝福是必不可少的主题，除此之外，班主任可以再设计其他主题，增强情感性，会使最后的班会更加令人难忘。

（2）礼物、鲜花、道具、祝福卡片、视频照片一类的东西需要精心设计，提前准备，毕业和高考不是"再也不见"，"青春不散场"才是永恒的主题。

（3）因为以叮嘱和祝福为主，而且不想占据学生宝贵的高三学习时间，所以末次班会设计得互动性不强，以后可以再精心设计，考虑增加一点儿师生互动环节。

（4）最后一次班会，学生们也给班主任老师准备了"惊喜"，进入教室门时的"彩花喷筒"、一大束缤纷的鲜花，使得现场相当有"仪式感"，将班会的开场气氛瞬间拉满。